DAS BARRELHOUSE-BUCH

40 JAHRE JAZZ

Herausgegeben von Horst Lippmann

Societäts-Verlag

Vignette Schutzumschlag: Günther Kieser
Schutzumschlag, Layout und Satz: Peter Lenz, Wiesbaden
Druck und Verarbeitung: Ebner Ulm
Printed in Germany 1993
ISBN 3-7973-0542-7

INHALT

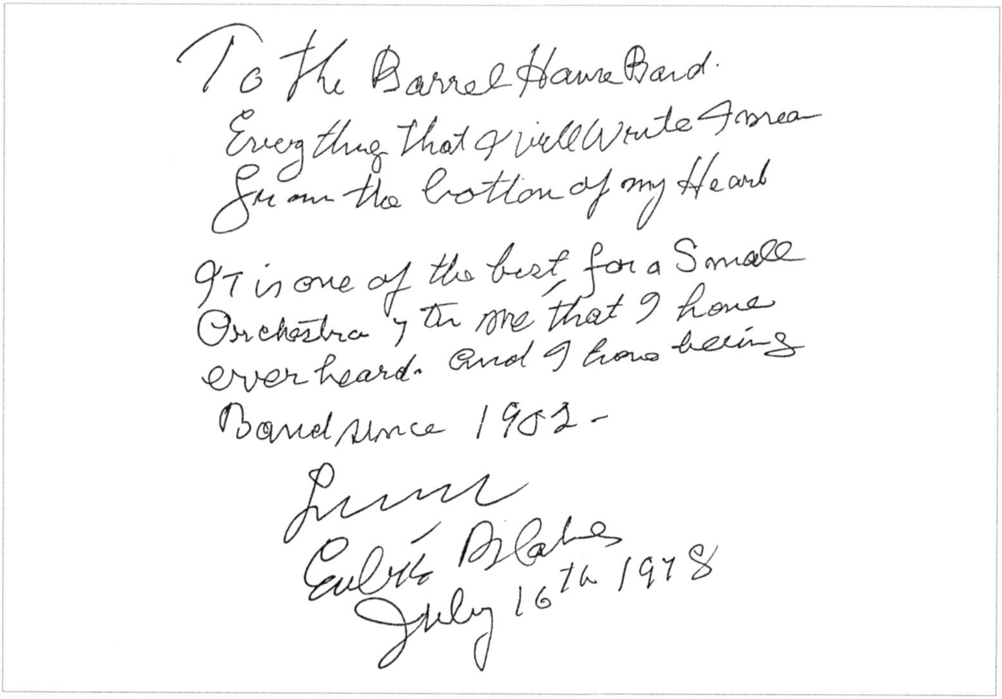
To the Barrel House Band.
Everything that I will Write I mean
from the bottom of my Heart

It is one of the best, for a Small
Orchestra to me that I have
ever heard. and I have being
Band since 1902 -

Love
Eubie Blake
July 16th 1978

VORWORT

von Horst Lippmann

Alter ist auch ein Verdienst. Wer alt wird, hat nicht nur Glück gehabt, er hat meist selbst etwas dafür getan. Das trifft für Individuen zu, aber auch für Institutionen, hinter denen sich ja menschliche Wesen verbergen. Daß die Barrelhouse Jazzband eine Institution des Jazz in Deutschland ist, bestreitet kaum jemand. Daß sie alt ist, erkennt man am Geburtsdatum: Jahrgang 1953. Und daß sie etwas getan hat, um so lange zu existieren, belegen die zahlreichen Schallplatten und Auftritte, nicht zuletzt aber auch dieses Buch.

Man muß schon suchen, bis man eine Formation findet, die so lange kontinuierlich existiert wie die Frankfurter Band. Das Modern Jazz Quartet ist ein Jahr älter; seit 1952 spielen sie ihre philharmonische Jazzmusik auf Zehenspitzen. Dagegen wirkt die Barrelhouse Jazzband geradezu erdverbunden, mit Wurzeln in den historischen Stilen von New Orleans und anderen Zentren dieser uramerikanischen Musik.

Natürlich haben die Besetzung gewechselt, die musikalischen Interessen, die spielerischen Launen und die internationalen Interpreten, die sich von Zeit zu Zeit zu ihnen gesellten, um mit der Band die alten Geschichten immer auch ein bißchen neu zu erzählen.

Was kann man von einem Buch über eine vierzig Jahre alte Jazzband erwarten? Es sollte Chronik sein und Biographie, eine kritische Bestandsaufnahme durch Musikerfreunde, Hörer und Kritiker, ein Bericht über einen Abschnitt Kulturgeschichte aus dem Hörwinkel einer Horde Musiker, die nicht voneinander lassen können, und engagierte Aussage über die Musik, um die es geht, den traditionellen Jazz – heute. Insofern verschränken sich subjektive Empfindungen und eine Ära.

Ein Buch wie dieses verspricht ein Lese- und Schauvergnügen, denn eines wird man auf den folgenden Seiten wohl nicht finden: das, was man hierzulande gerne mit akademisch bezeichnet. Wie auch immer: Voller Leben ist diese Musik – warum sollte das Buch anämisch sein?

Frankfurt, im Februar 1993

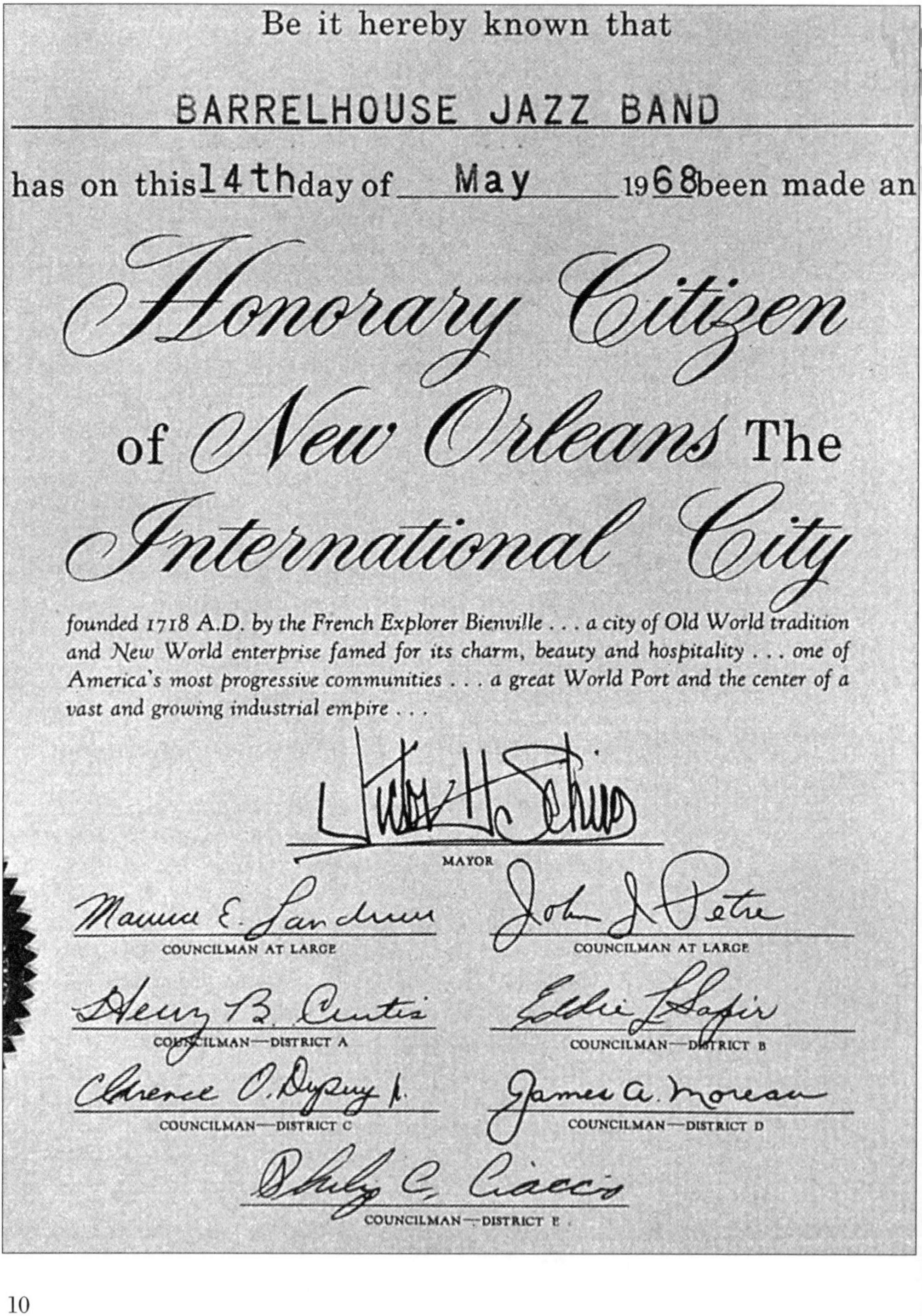

Be it hereby known that

BARRELHOUSE JAZZ BAND

has on this 14th day of May 1968 been made an

Honorary Citizen of New Orleans The International City

founded 1718 A.D. by the French Explorer Bienville . . . a city of Old World tradition and New World enterprise famed for its charm, beauty and hospitality . . . one of America's most progressive communities . . . a great World Port and the center of a vast and growing industrial empire . . .

MAYOR

COUNCILMAN AT LARGE

COUNCILMAN AT LARGE

COUNCILMAN—DISTRICT A

COUNCILMAN—DISTRICT B

COUNCILMAN—DISTRICT C

COUNCILMAN—DISTRICT D

COUNCILMAN—DISTRICT E

VIER ÜBERLEGUNGEN ZUR BARRELHOUSE JAZZBAND

von Wolfgang Sandner

DIE UNTERHALTUNG

Dr. Wolfgang Sandner ist Musikredakteur der Frankfurter Allgemeinen Zeitung und war davor Schallplattenproduzent für klassische Musik, Dozent für Popularmusik – und Amateurjazzmusiker. Von ihm im gleichen Verlag: »Jazz in Frankfurt«.

Europa hat einen Fehler begangen. Der Jazz wurde hier in den Himmel gehoben. Wie einen edlen Wilden hieß man zu Beginn des zwanzigsten Jahrhunderts auf dem alten Kontinent diese groteske Musik willkommen. Man stellte sie aus, bestaunte sie, glorifizierte sie, widmete ihr essayistische Aufmerksamkeit und trichterte sie schließlich als exotisches Lebenselixier den eigenen Kunstproduktionen ein. Claude Debussy fing an, und Hans Werner Henze hörte damit noch lange nicht auf. Ernest Ansermet verteidigte den Jazz frühzeitig gegen dessen Willen, und Theodor W. Adorno machte ihn später wider besseres Wissen schlecht. Jazz wurde zum musikphilosophischen Gegenstand: Höher hinaus hätte er kaum gelangen können.

Aber der ernst genommene Jazz, der Jazz in den Köpfen Europas: Das war eine ganz andere Musik als jene, die im französischen Viertel von New Orleans die Rauchschwaden und ein gewisses Parfum spécial durchdrang, in schwülen Sommernächten den Straßenlärm auf Chicagos Randolph Street übertönte oder später aus den von Fußtritten vibrierenden Ballsälen von New York oder der Hollywood Bowl von Los Angeles herausströmte. Jazz, eine Kunstform? Es wäre einem Buddy Bolden, dessen Lebenslauf sich im Obskuren der Geschichte verliert, so wenig in den Sinn gekommen wie Jelly Roll Morton mit seinem diamantverzierten Zuhälterlächeln, weder Freddie Keppard, dem Trompeter mit der Pferdelunge, noch King Oliver, dem listigen Mentor Louis Armstrongs und unentwegten Billardspieler – Pioniere allesamt.

Nur wenige Visionäre des Jazz haben davon geträumt, Künstler zu sein. Die Realität des amerikanischen Alltags hat sie stets eingeholt; wie den Ragtime-Pianisten Scott Joplin etwa, als er seine Oper »Treemonisha« komponierte und 1915 in einer schäbigen Inszenierung in Harlem, lediglich mit sich selbst am Klavier, aufführen mußte. So hat Europa mit seinem freundlichen Irrtum den Jazz nicht nur verändert und ihm eine eigene Variante hinzugefügt, es hat ihn in gewisser Weise auch gerettet. In Amerika wurden die Clubgastspiele von Jazzmusikern nicht selten durch die Kellnerzunft geregelt; die Dauer einer Improvisation durfte die Länge eines Drinks an der Bar nicht übertreffen, die Dynamik der Musik hatte sich nach jener des im Restaurant servierten Ragout fin zu richten. Europa aber öffnete den amerikanischen Jazzmusikern seine Musentempel und Plattenstudios bereitwillig, seine Clubs und Festivalbühnen sowieso.

Und die Barrelhouse Jazzband? Diese Musiker sind so unwiderrufen europäisch wie fast die gesamte Richtung des Oldtime-Jazz, den sie – als aufmerksame, nachholbedürftige Kinder der Nachkriegszeit – vertreten. Freilich »with a little extra« zur landläufigen Ästhetik des alten Kontinents. Denn ihr Anspruch richtet sich zwar auf die Bewahrung von Tradition, ihr Bewußtsein ist historisch, ihr Kulturbegriff kritisch. Aber ihr musikalisches Ideal zielt auf die Urwüchsigkeit des alten Jazz, den Geist einer vitalen Unterhaltungsmusik, der sich auch im Bandnamen ausdrückt. Wann immer die Barrelhouse Jazzband sammelt und restauriert, die alten Improvisationspraktiken wiederbelebt oder sich vom alten Klang zu neuem Tönen anregen läßt: Es geht um Spielfreude beim lebendigen Umgang mit Jazzgeschichte, und nicht um akademische Feierstunden. Die Barrelhouse Jazzband musiziert mit ganzem Herzen, hinter dem ein wacher Verstand hervorlugt.

DER RÜCKBLICK

Willem de Kooning hat einmal in einem Interview, befragt nach den künstlerischen Ahnen, die ihn beeinflußt haben, den bemerkenswerten Satz gesagt: »Die Vergangenheit hat mich nicht beeinflußt, ich beeinflusse die Vergangenheit.« Der paradoxe Ausspruch machte bei ihm Sinn. Sein avantgardistisches Werk schien auf die Vergangenheit zurückzuwirken und künstlerische Probleme, auch einer verschwundenen Zeit, neu zu sehen. In mehrfacher Hinsicht träfe der Satz auch auf die Barrelhouse Jazzband zu – und sicherlich auch stellvertretend für andere Gruppen, die sich dem alten Jazz widmen. Sie bringen nicht nur Licht ins Dunkel alter Spielpraxis. Sie machen die Vergangenheit zur stets verlängerten Gegenwart und halten sie damit sozusagen in Bewegung. Denn ohne ihre musikalischen Aktionen wäre der alte Jazz längst vom Packeis der Geschichte eingeschlossen. Und solange diese Musizierweise nicht vergeht, in der Interpretation der Nachgeborenen lebendig bleibt, wirkt sie auch auf die historischen Vorbilder zurück, die jetzt etwas von jener Reputation zurückerstattet bekommen, die sie nie hatten. Durch die Barrelhouse Jazzband und jenen Teil ihrer Musik, der als klingendes Museum verstanden werden kann, wird aus dem frühen Jazz keine fraglose Kunst. Man kann die Kunstfertigkeiten seiner Autoren erkennen und das Wechselspiel von Kunst und Unterhaltung – nein, nicht studieren, sondern genießen.

DIE UNSCHULD

In einer bemerkenswerten Untersuchung zur Kunst des Ragtime beschreiben die Autoren William J. Schafer und Johannes Riedel einige wichtige Aspekte amerikanischer Kultur, die man für europäische Köpfe deuten muß, will man sich nicht Mißverständnissen aussetzen: Primitivität, Naivität und Unschuld. Es sei unmöglich, sich amerikanischer Musik zu nähern, ohne den Begriff der »Unschuld« zu berücksichtigen. Eine der konstantesten Mythen beim Blick auf amerikanische Kultur vor dem Beginn des zwanzigsten Jahrhunderts sei jener von einem Amerika als dem Land der Unschuld, des Guten, der Freiheit, des Einfachen, des Schmucklosen und der Reinheit. Das alte Europa war dagegen das Land der Komplexität, der reichen Verzierung, auch der Korruption und der hoffnungslosen Verstrickung in alte Konzepte, alte Bräuche und Traditionen. In der amerikanischen Musik erschien diese unschuldige Freiheit von europäischen Methoden etwa in den »falschen Fortschreitungen« von parallelen Quinten und Oktaven in den patriotischen Hymnen von William Billings oder in den einfachen Arrangements von Werken berühmter europäischer Meister bei Lowell Mason. Später wurde der Gebrauch dieser abenteuerlichen musikalischen Konzepte in den Werken von Charles Ives, Henry Cowell und anderer zu einer selbstbewußten musikalischen Philosophie umgemünzt: das musikalische Amerika feierte sich in seinen vital verbogenen Varianten europäischen und afrikanischen Musizierens. Aus der Primitivität selbstgefertigter Instrumente im frühen Jazz bezogen Komponisten wie Harry Partch die Anregungen für ihre orchestralen Neuschöpfungen, im Klang der Kollektivimprovisationen fand sich ein selbstbewußtes Amerika repräsentiert, das nach dem Ersten Weltkrieg auch politisch seinen Führungsanspruch behauptete.

Etwas von der Unschuld, von der Naivität der amerikanischen Pioniere, die sich im frühen Jazz erhalten hat, scheint nicht nur Magie auf die Hörer auszuüben, sondern auch auf seine kongenialen Adepten in Europa, bei denen die Barrelhouse Jazzband eine herausgehobene Stellung einnimmt. Wer diese Musik aus den Zentren des frühen Jazz, aus New Orleans und Chicago, aus Kansas City und New York interpretiert, der beschreibt nicht nur die Unschuld, die Naivität und Primitivität als einen Teil authentischen Musizierens. Er muß sich bis zu einem gewissen Grad seine eigene Unschuld bewahren, seine Offenheit und seinen Pioniergeist. »Rekonstruierte« Unschuld, das heißt gewissermaßen Unschuld aus zweiter Hand verbindet sich mit der eigenen Naivität im inneren Dialog der Musiker. Das macht die Klänge von Gruppen wie der Barrelhouse Jazzband so authentisch – und so anders.

DAS KOLLEKTIV

Die größte Übertreibung in der Geschichte des Jazz stammt von dem Pianisten Jelly Roll Morton: »I invented Jazz in 1902.« Natürlich hat niemand angenommen, daß Morton wirklich im Jahre 1902 den Jazz erfunden hat. Aber gesucht hat man immer nach dem ersten Jazzmusiker der Geschichte oder auch nur dem jeweiligen Entdecker eines neuen Stils. So entstanden die Legenden um die sogenannten Jazz-Titanen, von Buddy Bolden angefangen über Louis Armstrong zu Charlie Parker, John Coltrane und Miles Davis; als ob es neben dem Satchmo nicht auch noch Joe King Oliver gegeben hätte, neben »Bird« nicht die gesamte Bebop-Sekte von Minton's Playhouse, neben Coltrane nicht die anderen Oktober-Revolutionäre des Free Jazz und neben Miles Davis nicht auch noch die Chicagoer Musikergilde oder den Kreis um Joe Zawinul.

Mehr als alle anderen Formen zeitgenössischer Musik drückt sich Jazz im Individualstil seiner Improvisatoren aus. Aber es ist fast immer ein Ideen-Pool gewesen, in den die Mitglieder einer Musikergemeinschaft ihre einzelnen Töne schütteten, damit aus dem Becken dann ein neues ästhetisches Gebräu gelöffelt werden konnte. In diesem Sinn gehört die Barrelhouse Jazzband mit ihren vierzig Jahren Lebensdauer zur Entwicklung des Jazz, zu seinen Bewegungen und seinen schöpferischen Kollektiven. Die Band hat ihre Töne in das Sammelbecken namens Jazzgeschichte geworfen, aus der Generationen von Musikern ihre Inspiration sogen. Sie hat genommen und gegeben. Sie hat Pilgerfahrten nach dem Santiago de Compostela des Jazz, nach New Orleans, unternommen und ist selbst Gegenstand der Verehrung geworden.

In Zeiten ästhetischer Oberrichter, die von der zeitlosen Mode des Jazz referierten, ohne ihm nähergetreten zu sein, hatten die Musiker der Barrelhouse Jazzband einen schweren Stand. In den Tagen, in denen der Jazz wirklich einmal Mode gewesen ist, in den skiffle-seligen fünfziger Jahren, wurden sie – die selbst noch so jung waren – von einer neuen Generation in den Himmel gehoben. Jetzt sind sie auf der Erde, wo sie hingehören; mit Wurzeln in Europa und Amerika. Vor allem mit Wurzeln in der reichen Jazztradition, die sie selbst am Leben halten. Wenn sie abtreten, wird man ihnen ein Denkmal setzen müssen. Jetzt errichten sie eines für den alten Jazz.

BARRELHOUSE BLUES

von Horst Lippmann

Horst Lippmann ist seit Jahrzehnten Motor der deutschen Jazzszene in vielen verschiedenen Rollen: Schlagzeuger, Veranstalter, Plattenproduzent, Funkautor und international berühmter Impresario.

Vor vierzig Jahren trafen sich in einem ausgeräumten Lagerkeller des Hutmachers Dubuque in der Leipziger Straße in Frankfurt-Bockenheim vom alten Jazz begeisterte junge Leute, um nicht nur gemeinsam Schallplatten der großen Meister ihrer Musik zu hören, sondern auch selbst Musik in ihrem Geiste zu machen. Vorbild waren zunächst die wichtigen Namen aus New Orleans: King Oliver, Clarence Williams, Johnny Dodds. Es war die Geburtsstunde einer neuen Oldtimeband mit dem Namen Barrelhouse Jazzband. (Es gab da eine LP mit dem Titel »Barrelhouse Jazz Piano«, auf der archaische Blues- und Jazz-Pianisten zu hören waren, teils auch mit Bands, eine technisch schlichte, aber ausdrucksvolle Musik...). Damals konnte man kaum ahnen, daß diese Barrelhouse Jazzband fast alle anderen traditionellen Bands, von den Two Beat Stompers über die Feetwarmers, die Spree City Stompers und wie sie alle hießen, aber auch Graeme Bell's Band aus Australien, Lu Watters aus San Franzisco, Claude Luters Lorientais aus Paris und die Crane River Jazzband aus England überleben sollte. Ich war in jenen ersten Tagen gelegentlich Gast der jungen Band, aber dann... die Jazzfestivals, Produktionen mit Hans Koller, Tourneen mit Gillespie, das eigene Spiel in den Two Beat Stompers... ich ging nicht mehr in die Proben. Aber der Kontakt brach nie ab. Die Jazzband-Bälle des Hessischen Rundfunks gaben mir häufig Gelegenheit, die Barrelhouse Jazzband einzuladen und zu hören, und die damals »neue« Besetzung interessierte mich so, daß ich 1966 die erste Platte einer deutschen Plattenfirma mit der Barrelhouse Jazzband produzierte (eine gute Flasche Cognac brachte den »Last Chance Blues« zustande!). Daß von dieser Besetzung heute schon drei Musiker gestorben sind, will mir nicht in den Kopf hinein. Dann die Bluesfestivals, der Aufbruch in den Free Jazz..., ich verfolgte dennoch die Entwicklung der Band. Als Reimer von Essen mich 1981 anrief, um mir eine Produktion mit dem von mir so verehrten Art Hodes anzutragen, kam mir der Wunsch, die inzwischen sehr profilierte Barrelhouse Jazzband auf meinem eigenen Label herauszubringen, und seitdem

1990
Barrelhouse Jazzband, vor der Alten Oper Frankfurt – Ort häufiger Auftritte

sehen wir uns regelmäßig und immer öfter. Denn nach all meiner Arbeit mit Musikern ganz verschiedener Musikrichtungen auch außerhalb des Jazz sind mir heute Dinge wichtig, die sich in der Barrelhouse Jazzband in hohem Maße verkörpern. So sind sie tönender Beweis, daß es auch im alten Jazz neue Wege, neue Dinge zu entdecken gibt. Diese neuen Wege haben sich bei ihnen in einem ganz eigenen, nach wenigen Sekunden identifizierbaren Stil niedergeschlagen – dem eigentlichen Beweis für Meisterschaft im Jazz –, und das zu jener Zeit, in der man im modernen Jazz Imitatoren von Originalen und wieder anderen Imitatoren oft nicht mehr unterscheiden kann, und in der die Musik mangels eines Rahmenbezugs oft beliebig und damit auch unpersönlich wird. Am wichtigsten aber ist mir die zutiefst menschliche Ausstrahlung ihrer Musik. Nicht nur meine ich, daß die Mitglieder der Band ihre Instrumente beherrschen, nicht nur verfügt die Band über eine Frontlinie, die schon an sich swingt, und auch über eine Rhythmusgruppe, die so vehement im tiefsten Jazzsinne swingt (andere halten schon einen bloß hüpfenden Rhythmus für jazzig), daß sich Musiker egal welchen Jazzstils mittlerweile von ihr adäquat getragen fühlen – nein, die Barrelhouse Jazzband zeigt Persönlichkeit. Wenn man untersucht, warum sie so nachhaltig erfolgreich ist, stößt man letztlich auf die Menschlichkeit, die ihre Musik transportiert. Da kommt etwas zum Hörer herüber, das zutiefst lebensbejahend ist, auch im tiefsten Blues noch innere Freude aufscheinen läßt, eine positive Ausstrahlung jenseits jeglicher dümmlichen Jasagerei, die mir, der ich immerzu Probleme mit meiner Gesundheit habe, schon oft geholfen hat: Doctor Jazz... Doctor Feelgood... Das Publikum der Band – übrigens altersmäßig mit Hörern von 8 bis 80 das weitestgespannte, das ich kenne (auch alle sozialen Schichten einschließend) – empfindet das auch so: Es füllt die Säle, um diese Quelle anzuzapfen, an diesem Optimismus aufzutanken. Bei welcher anderen Musik ist das heute sonst möglich? Jede noch so gehobene Popmusik wird hier an Wärme und innerer Kraft bei weitem übertroffen.

Neben diesem zentralen Aspekt stehen, verwandt mit ihm, ein paar andere, die mir bedeutsam sind: die Disziplin, die Geschlossenheit der Band; der Eindruck, hinter der Musik stehe eine sturmerprobte Gemeinschaft, die gewillt ist, um der Sache willen zusammenzustehen; ihr Spiel mit Entspannung und Spannung (spannungsgeladenen Passagen, nicht verspannten) ist mustergültig in ihren »karibischen« Stücken. Da möchte ich manchmal einfach nur »jaa« brüllen – und das gehört für mich zu den guten Zeichen. Die Ansagen von Reimer von Essen geben jedem Konzert noch Vertiefung, zeigen Beziehung zur Geschichte und machen dem Hörer zusätzliche Aspekte bewußt (irgendwo ein bißchen ein deutscher Zug im bestem Sinne). Sogar das Zugucken macht Spaß: Man sieht die Band swingen, man möchte geradezu mitmachen – eine angenehme Erfahrung, die mir sonst oft fehlt. Hinzu kommt die Tatsache, daß die Barrelhouse Jazzband eigentlich eine Bluesband ist und immer war, Blues, diese menschlichste aller Botschaften überall durchklingen läßt. Das alles macht, daß die Musik dieser Band, ihr alter Jazz, nicht mehr als alt, sondern nun wirklich als zeitlos gelten muß. Und das soll ihnen mal jemand nachmachen...

ALTE OPER FRANKFURT
ein Haus auch für den Jazz
seit 10 Jahren
Gastgeber der jährlichen
BARRELHOUSE
JAZZ — PARTY
ALTE OPER FRANKFURT

DIE MUSIK

von Reimer von Essen

40 Jahre Barrelhouse Jazzband – ein solches Jubiläum wäre viel Lärm um nichts, wäre da nicht eine Musik, die viele Menschen hören wollen, die die Musiker der Band spielen wollen, die von Fachkundigen in aller Welt als bedeutsam eingestuft wird.

Reimer von Essen
Kurzbiographie auf Seite 126

Was also ist das für eine Musik, um die sich alles dreht?

Die Musik, die wir spielen, ist ... klassischer Jazz. Dieses Zögern ... warum? Weil es keine »offizielle« Stilbezeichnung für unsere Musik gibt. Die Jazzwissenschaft hat sich intensiv nur mit dem traditionellen Jazz bis 1940 befaßt; nur bis dahin gibt es gültige Stilbezeichnungen für alle Richtungen. Mit dem traditionellen Jazz seitdem hat sich nur ein Teil der Jazzwissenschaft hingebungsvoll beschäftigt, allerdings fast ausschließlich mit dem, was die Musiker, die schon vor 1940 aktiv waren, danach noch gespielt haben – New Orleans Renaissance, Revival, Greenwich Village Jazz, Frisco Style sind Bezeichnungen, die dieser Beschäftigung entsprangen; auch sie bezeichnen mit merkwürdiger Hilflosigkeit nur einen Ausschnitt dessen, was von älteren Musikern von 1940 bis heute gespielt wurde.

Das riesige Volumen dessen, was von jüngeren Musikern in aller Welt – häufig, aber nicht immer Amateuren – an traditionellen Jazz gespielt worden ist, hat indessen noch keine intensive wissenschaftliche Aufarbeitung erfahren. Für diese Musik gibt es nur die Bezeichnungen der Veranstalter, der Zeitungskritiker – und der Musiker. Wir haben vor bald 30 Jahren für unsere Musik den Ausdruck »Hot Jazz« geprägt. Nachdem dieser nun auch schon von so vielen benutzt wird, für deren Musik wir ihn nicht gemeint hatten, sprechen wir von unserer Musik häufig nur mit den Worten »traditioneller« oder eben »klassischer« Jazz.

In unserem speziellen Fall ist der Stil, in dem wir uns bewegen, eine historisch gewachsene Mischung. Aus dem ursprünglich weitgehenden Kopieren von Aufnahmen der schwarzen großen Meister aus den zwanziger Jahren wie King Oliver, Johnny Dodds, Louis Armstrong, Jelly Roll Morton wurden mit wachsender Selbstkritik immer persönlichere Spielweisen – in der Art der Vorbilder –, und das zunächst keineswegs, um eine eigene, etwa zeitgemäße Aussage zu schaffen, sondern aus der Erkenntnis der eigenen Beschränkungen heraus! Weil wir eben immer genauer hörten, wie wenig das von uns Geschaffene der Virtuosität, dem Erfindungsreichtum, dem persönlichen Ausdruck, kurz der Genialität der alten Meister nahekam, begannen wir zu arrangieren. Vorbilder dafür fanden wir in den frühen Big Bands, die wohl ähnliche Probleme bewältigt hatten. Im Arrangement fanden wir ein Mittel, eigenes Können so einzuplanen, daß kein Musiker der Band überfordert wurde, sich aber jeder optimal einbringen konnte. Besonders wichtig wurde diese Technik, als 1963 die Posaune nicht mehr besetzt werden konnte, weil sich kein geeigneter Musiker für die Aufgabe fand. Für die damit entstandene Besetzung gab es fast überhaupt kein Vorbild, und so war unsere eigene Klangbildungskraft besonders gefordert. Die in der Folge gefundenen Arrangiermuster erwiesen sich als erstaunlich flexibel. Sie vertrugen – und forderten heraus – die Zweitinstrumente der Bläser (1970 spielte Horst Dubuque zusätzlich Ventilposaune, Frank Selten Tenorsaxophon und ich Altsaxophon) und verkrafteten auch den Wechsel von Horst Dubuque zu Horst Schwarz. Mit ihm eröffnete sich die Möglichkeit, mit Hilfe der erprobten Klangformel sich nun auch Stücke aus anderen Quellen anzuverwandeln: Harlemnummern der dreißiger Jahre und Stücke der New Orleans Renaissance eigneten sich als gutes Material für ein Repertoire, das sich einerseits immer noch an dem Rahmen orientierte, den das Können der Bandmitglieder setzte, das aber andererseits, geglückten Lösungen folgend, uns auch motivierte, unser Können zu erweitern. Im Zuge dieser Entwicklung entstand auch eine Vielzahl von Eigenkompositionen. Diese Stücke sind meist themenbezogen und orientieren sich an den jeweils aktuellen stilistischen Arbeitsschwerpunkten (Boogie, Revival, Duke, Karibik). Einige dieser Stücke wurden sehr populär und sind Bestandteil unserer heutigen Repertoires.

Kommunikation mit unserem Publikum war von Anfang an vorhanden; hier haben wir alle dem Glücksfall der »alten Besetzung« der Anfangsjahre zu danken, die Maßstäbe gesetzt hatte. Zunehmend wurde es uns aber wichtiger, die Inhalte, die Ausdrucksqualität von uns – von einzelnen oder allen Mitgliedern der Band – geliebter Stücke aus der gesamten Bandbreite des alten Jazz, unserem Publikum »rüberzubringen«. So näherten wir uns mit unserer selbstgeschaffenen Arrangier-, Klang- und Improvisitationstechnik, mit unserer aus all den Einflüssen gewachsenen und zusammengewachsenen Rhythmik nun auch in neuer Weise den alten Meistern – wovon mittlerweile einige LPs / CDs zeugen. Jedes Stück im Barrelhouse-Repertoire muß also vor allem zwei Gesichtspunkten gerecht werden: Einmal muß es unserer eigenen fachkundigen Auffassung nach den Geist der Originalaufnahme – oder manchmal auch nur einen Aspekt des Originals – herausarbeiten, zum anderen muß es deutlich bei unserem Publikum Emotionen auslösen, muß also in einer Weise »ankommen«, welche die künstlerische Tiefe dessen, was uns ursprünglich dazu gebracht hat, das Stück zu lieben, nicht preisgibt, sondern respektiert und transportiert.

Damit aber die einzelnen Stücke eines Konzerts sich nicht gegenseitig den Weg zum Empfinden der Hörer versperren, ist es nötig, daß sich von einem zum anderen Stück viele Komponenten unterscheiden, so daß beim Publikum das jeweils nächste Stück mit seiner anderen, neuen Aussage auch als neu ankommt. Dieses Bemühen ist ein sehr typisches Stück unserer Arbeit, und wir sind uns bewußt, daß wir damit traditionelle Verhaltensweisen von Jazzmusikern erweitern. Wo ein Armstrong sich mit Recht den ganzen Abend darauf verlassen konnte, daß jeder seiner Töne bis zum Schluß den Hörer tief in die Seele treffen würde, steht es uns gut an, uns darauf nicht zu verlassen, sondern – und hier kommt uns europäisches Musikantenerbe zugute – alles handwerklich Mögliche zu tun, um das Interesse unserer Zuhörer wachzuhalten.

So besteht unser Repertoire aus Stücken sehr verschiedener Tempi; Stücke ähnlichen Tempos haben sehr verschiedene Strukturen, Klänge: Durch den Einsatz von Frank Seltens verschiedenen Saxophonen und meiner zwei Instrumente haben wir mit unseren drei Bläsern allein durch verschiedene Instrumentenkombinationen acht grundsätzliche Klangmodelle – und ob die Klarinette im Satz unter, zwischen oder über den beiden anderen Stimmen spielt, ergibt auch jeweils ganz andere Farben. Durch die Möglichkeit, Bernd Ottos Gitarre

FORTY YEARS FOR YOU

Words and Music:
Horst Schwarz – Reimer von Essen

oder Banjo einzusetzen, klingt auch die Rhythmusgruppe nicht immer gleich. Dabei steht gerade die Wahl von Gitarre oder Banjo immer auch in Beziehung zu historischen Modellen; die Besetzung mit Gitarre spielt entweder auf einen 30er-Jahre-Swing-Sound an oder vielleicht auf Jelly Roll Mortons ätherischere Stücke – oder auf Bands der New Orleans Renaissance wie die von Kid Ory oder Mezz Mezzrow. Diese Anspielung kann sich direkt auf eine von uns als Quelle genutzte Originalaufnahme beziehen, oder aber im Gegensatz zu ihr stehen und einen bestimmten Aspekt des Stückes herausheben.

Ähnliches gilt für die Differenzierungen der anderen Rhythmusinstrumente: Agi Huppertsberg spielt mit der linken Hand von Stück zu Stück sehr verschiedene Bässe, und die Rhythmik seiner rechten Hand ändert sich mit den Assoziationen, die er hat; Cliff Soden zupft oder slappt, streicht auch mal den Baß und ändert damit Klang und historischen Bezug, und wie Hans-Georg Klauer etwa die Becken einerseits, Woodblocks und Glocken andererseits einsetzt, zielt auf eine ganz bestimmte Interpretation.

Ebenfalls von Stück zu Stück verschieden ist der Gebrauch der Stilmittel: Satz – freies Kollektivspiel – Solo. In den meisten Stücken hat längst nicht jeder von uns ein Solo; in manchen Stücken gibt es nur gesetzte Ensembles, in anderen wieder wird fast nur improvisiert; die Reihenfolge der Solisten ist immer wieder eine andere. Unsere Stücke stehen zudem in sieben verschiedenen Dur- und einigen Molltonarten – in einigen ändert sich die Tonart im Laufe des Arrangements. Dies – und manches andere – nehmen unsere Zuhörer meist nicht bewußt auf, aber es bestimmt dennoch den inneren Eindruck, den eine bestimmte Konzertnummer auf sie macht, wesentlich mit. All diese Feinheiten sind übrigens entweder schon Teil des Originalarrangements, das Horst Schwarz oder ich – oder oft wir beide – vorbereiten, oder sie entspringen den Ideen, die die Band gleich am Anfang oder im Laufe der Zeit zu einem Arrangement beiträgt. Was die einzelnen Solisten dann im Stück spielen, ist ihre eigene Aussage; gelegentlich hört der Kenner auch hier Anspielungen auf bestimmte Vorbilder; diese können Teil der Grundauffassung sein, die der Solist von dem Stück hat, oder aber einem spontanen Einfall entspringen. Wer aber all dies nicht bewußt hört – oder auch gar nicht so genau hineindenken möchte, hört gefühlsmäßig alles, worauf es ankommt, denn all diese Techniken haben ja nur dann einen Sinn, wenn sie kommunizieren, sprechen, ausdrücken, was Worte nicht sagen können, was ich auch hier nicht beschreiben kann; wenn also das Unaussprechliche von Musik durch unsere Töne in den Hörern Resonanz erzeugt: Das ist das Wesentliche.

Im Jazz wird solche »Resonanz« oft dadurch erleichtert, daß Hörer die Stücke der Bands schon gut kennen, von anderen Bands, von Platten – und dadurch dem Fortgang der aktuellen Version gut folgen können. Die meisten unserer Stücke hingegen sind den Jazzfreunden im Original häufig unbekannt, und Versionen anderer Bands gibt's auch nur ganz selten. Wie gesagt, ein Grund ist, daß wir diese »unbekannten« Stücke einfach selbst sehr schätzen, aber es gibt noch andere Gesichtspunkte: Wenn ein Stück sehr bekannt ist – vor allem, wenn es in **einer** Version sehr bekannt ist, ist ein Teil der Zuhörer eher enttäuscht als neugierig, wenn es anders dargeboten wird; ein anderer Teil hört neben der aktuellen Version die ihnen vertraute mit ihren ja vielleicht ganz anderen Gefühlswerten unbewußt mit. In diese Kategorie fallen auch jene ganz wenigen Stücke, die schon bei der bloßen Titelnennung Hochstimmung im Saal verbreiten – wir spielen sie nicht, weil dann der Titel und seine Assoziationen an andere Versionen das, was wir eigentlich aussagen wollen, verfälschen.

An dieser Stelle also ein Bekenntnis dazu, daß unsere Musik – schwarzer traditioneller Jazz – unter anderem darauf abzielt, ein Gefühl zu erzeugen, daß sich unter der Überschrift »Glück« fassen läßt. Ja, play the blues to drive the blues away, »Musik für die befreiten Gebiete«, wie mir ein intellektueller Hörer gesagt hat, also nicht einfach sorgenfrei-selige Volksmusik, sondern Musik mit einer inneren Freude, die der Auseinandersetzung mit den Härten dieser Welt abgerungen ist, die von Leid, Wut, Enttäuschung weiß und sich dann aus dem Einklang mit dem anderen und den anderen herstellt; schwarze Musik eben. In den Blue Notes, den Offbeats, den heißen Tönen der Melodien, dem Irisieren zwischen den klaren, volkstümlichen Harmonien und bluesgetöntem melodischem Überbau, dem Atmen des Rhythmus, dem genußreichen Ziehen des Grundschlages zwischen Forttreiben und Beharren – in diesen Merkmalen der schwarzen Formen des alten Jazz finden wir jenes dialektische Glücksgefühl, den Höhenflug mit Tiefgang. Die Kontinuität dieses Aspekts, die wir von King Oliver (und seinen Vorläufern) bis Count Basie (und seinen Erben) sehen, versuchen wir mit unseren Arrangements, unserem Spiel, unseren Programmen, unserer Musik zu vermitteln.

BARRELHOUSE-SPEZIALITÄT LEHRKONZERTE

von Reimer von Essen

Reimer von Essen
Kurzbiographie Seite 126

1963 entwickelten wir für ein Schulkonzert eine kleine Einführung in den Jazz, die sich bald zu einem kompletten Lehrkonzert ausweitete, in dem die Grundlagen des Jazz erläutert wurden: Off Beat, Blue Notes, Hot Intonation, Improvisation, Chorusse, Sätze ...

Der Südwestfunk nahm dies Programm 1967 auf und sendete es in sechs Teilen als Schulfunksendung. Es wurde noch oft aufgeführt. In den späteren 60er Jahren verlor sich allmählich das Interesse an solchen Programmen parallel zu dem Abflauen des Interesses an altem Jazz überhaupt; der Siegeszug der Popmusik hatte begonnen. In den 70er Jahren entwickelten wir zusätzlich ein »History«-Programm, das verschiedene Stile in zeitlicher Abfolge vorstellte, um das Interesse wieder etwas anzuheizen; es wurde aber nur gelegentlich aufgeführt. 1980 kam der Frankfurter Musikpädagoge Horst Langkamm auf uns zu, der schon damals durch seine Erklärkonzerte mit klassischer Musik und als Dirigent seines Collegium Musicum einen guten Namen hatte. Er schlug uns vor, unsere Programme in seinen Reihen aufzuführen. Seinem Publikum gefielen unsere Lehrkonzerte so gut, daß wir sie nun öfter aufführten, und bald entstand ein Bedarf an weiteren Programmen. Um diese abwechslungsreich zu gestalten, luden wir Musikerfreunde mit speziellem Sound ein, die uns halfen, jeweils bestimmte Themen mit möglichst authentischer Farbe zu versehen. Für uns selbst wurde damit die Aufführung dieser Lehrkonzerte zu einer ständigen Möglichkeit musikalischer Begegnung und zu der Herausforderung, uns selbst in den Dienst jeweils anderer Jazzklänge zu stellen, weit über das Maß dessen hinaus, was innerhalb unseres normalen Konzertrepertoires möglich ist. Die Programme, die auf diese Weise im Laufe der Zeit entstanden, sind:

»Was ist Jazz?« – Eine Einführung in die Grundlagen des Jazz
»Jazz – die ersten 50 Jahre« – Vom Ragtime zum Swing und weiter ... Jedes Beispiel in einem anderen Stil

»Swing ist in« – Vom Early Swing zum Mainstream – Der große Bogen, der mit einem Wort nur schwach beschrieben ist

»Blues Into Jazz« – Bluesstile und ihre Einflüsse auf den Jazz, ein zu selten berücksichtigter Gesichtspunkt

»Buddy Bolden« – Der erste Musiker des Jazz und sein musikalisches Umfeld

»Jelly Roll Morton« – Der erste große Komponist des Jazz; Kompositionen aus vier Jahrzehnten

»Johnny Dodds« – Der ›erste‹ Klarinettist des Jazz; Die vielen Besetzungen und Klänge seiner Bands

»Louis Armstrong« – Sein musikalischer Werdegang von der Oliver-Band bis zu »Wonderful World«

Die in den Konzerten vorgeführten Stilbereiche sind repräsentativ für das weitgefaßte Ausdrucksspektrum der Band. Den dargestellten Musikern und Komponisten haben wir viel zu verdanken.

40 JAHRE – DIE GESCHICHTE

von Reimer von Essen und Frank Selten

Reimer von Essen Kurzbiographie Seite 126, Frank Selten Kurzbiographie Seite 127

Das Kaleidoskopbild der vier Jahrzehnte soll an vier tragenden Säulen festgemacht werden. Von den Erlebnissen eines jeden Jahres bleiben einige Höhepunkte und bedeutsame Momente im Gedächtnis, diese werden in der tabellarischen Geschichte dargestellt. Zur Illustration der Reisefreudigkeit der Barrelhouse Jazzband folgt eine Aufstellung der über fünfzig bisher besuchten Länder. Die Liste der Musiker, die im Laufe der Jahre in der Barrelhouse Jazzband gespielt haben, stellt das Wichtigste im Leben einer Band in den Vordergrund: Es gibt kein einschneidenderes Ereignis als einen Besetzungswechsel. Die Liste der Gäste schließlich reduziert unvergeßliche Begegnungen auf eine dürre Aufzählung, die aber komplettiert, was aus der Diskographie nicht zu ersehen ist. Die Diskographie wiederum zeigt anhand der Aufnahmedaten und Titel die Schwerpunkte der musikalischen Arbeit auf, den eigentlichen Lebensmittelpunkt der Band.

DIE EREIGNISSE

1953 Horst Dubuque und Alfred Dechert gründen die Barrelhouse Jazzband.

1954/56 Nach turbulenten Besetzungswechseln hat die Band nun Stil und Stamm gefunden: King Olivers Creole Jazzband wird weitgehend kopiert.

1957 Erste Erfolge: 1. Preis in einem Fernsehwettbewerb des Hessischen Rundfunks.

1958 Auftritt beim Deutschen Amateurfestival. Aufnahmen werden gemacht, die jedoch nie veröffentlicht wurden und verschollen sind. Die offizielle Jazzwelt belächelt die Bemühungen der Band um den »Originalsound«.

1959 Albert Nicholas ist der erste Gastsolist der Band im Frankfurter »Storyville«-Jazzclub.

HESSISCHER RUNDFUNK

ANSTALT DES ÖFFENTLICHEN RECHTS

DEN

1. PLATZ

IM

WETTBEWERB

VON

SCHÜLERORCHESTERN

IM PROGRAMM DES DEUTSCHEN FERNSEHENS

AM 7. UND 29. NOVEMBER 1957

ERHIELT

BARRELHOUSE - JAZZBAND

Eberhard Beckmann

EBERHARD BECKMANN
INTENDANT DES HESSISCHEN RUNDFUNKS

29.11.1957
DATUM

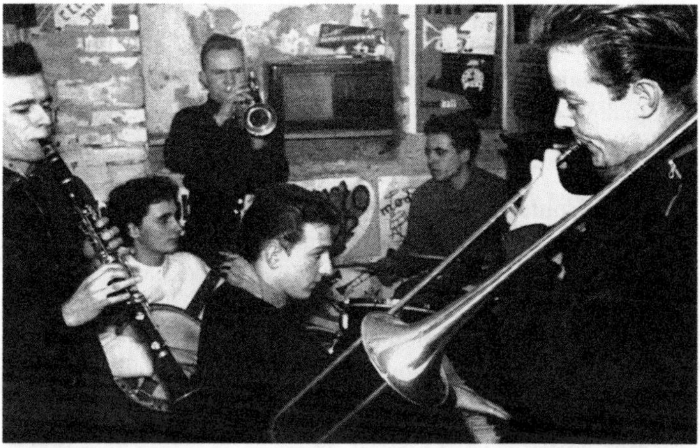

1953
Alfred Dechert,
Annette Haug,
Horst Dubuque,
Oskar Tiergärtner,
Helmut Calzaferri,
»Huber«

1959
Jürgen Scherzer,
Horst Schwarz,
Hans-Georg Klauer,
Horst Dubuque,
Harald Blöcher

1961
Harald Blöcher,
Rolf Günther,
Horst Dubuque,
Jürgen Scherzer,
Hans-Georg Klauer,
Klaus Geldern,
Werner Sahm

In den nächsten drei Jahren entwickelt sich die Barrelhouse Jazzband zu einem Begriff bei Jazzpublikum und -kritikern. Sie ist etabliert und tritt häufig bei den populären Jazzbandbällen des Hessischen Rundfunks im Volksbildungsheim Frankfurt auf.

1960 Kontakte mit gleichgesinnten Musikern führen zum ersten Auftritt in Hamburg.

1961 Stilistische Ausweitungen über Olivers Musik hinaus. Erstes Auslandsgastspiel in Österreich.

1962 Musikalische Meinungsverschiedenheiten spalten die Band. Reimer von Essen kommt als neuer Leiter zur Barrelhouse Jazzband.

1965
Amerikahaus Frankfurt:
Werner Knodel,
Horst Dubuque,
Frank Selten,
Reimer von Essen,
Gerhard Abt,
Herbert Bohn,
Norbert Becker

1970
Horst Dubuque,
Angi Domdey,
Gerhard Abt,
Frank Selten,
Reimer von Essen

1963
Kurpark Bad Homburg:
Werner Knodel,
Herbert Bohn,
Horst Kehrer,
Willi Fräsdorf,
Horst Dubuque,
Frank Selten,
Reimer von Essen,
Gerhard Abt

Ein anderes Konzept, an alte Bigbandmusik angelehnt, bringt neue Aufmerksamkeit. Zum erstenmal im Revival werden Saxophonsätze Bestandteil des Repertoires einer regulären Band.

1963 Österreich-Tournee. Die Barrelhouse Jazzband wird allmählich zur typischen Konzertband.

1964 TV-Sendung und verschiedene Auftritte mit Sam Wooding, Pionier des von der Barrelhouse Jazzband gespielten Stils.

1965 Erste Lehrkonzerte; erste Plattenaufnahme. Die Frankfurter Hot Jazz Festivals bringen Kontakte mit Musikern aus ganz Europa.

1972
Die »Hot and Free«-Besetzung im Sinkkasten Frankfurt: Horst Schwarz, Michael Sell, Hans-Georg Klauer, Werner Knodel, Matthias Achenbach, Angi Domdey, Reimer von Essen, Heinz Sauer, Herbert Bohn, Frank Selten, Thomas Cremer

In den folgenden Jahren ist die junge Sängerin Angi Domdey reguläres Bandmitglied. Ein Teil des Repertoires orientiert sich an ihr. In den alljährlichen Hot Jazz Festivals ist die Barrelhouse Jazzband die Stammband. Sie nimmt an mehreren Ostermärschen an vorderster Stelle teil und tritt bis 1968 häufig im Club Voltaire auf.

1966 Horst Lippmann beginnt seine Produzentenrolle bei der Barrelhouse Jazzband. Einzige Band im alten Stil beim Deutschen Jazzfestival.

1967 Konzerte mit Mezz Mezzrow. Der Südwestfunk sendet das Lehrkonzert in sechs Folgen.

1968 Tournee durch die Südstaaten der USA – Auftritt beim ersten New Orleans Jazzfest. Ehrenbürgerwürde für die Band und ihre damaligen Mitglieder.

1971
Konstabler Wache Frankfurt: Matthias Achenbach, Reimer von Essen, Angi Domdey, Hans-Georg Klauer (verdeckt), Horst Schwarz, Frank Selten, Werner Knodel

1972
»Ol' Man Mose«
im Sinkkasten Frankfurt:
Reimer von Essen,
Horst Schwarz,
Frank Selten

1969 Die musikalischen Eindrücke aus New Orleans werden im Stil der Band wirksam.

1970 Die Konzertreisen dehnen sich aus: Holland, wieder Österreich. Erste Begegnung mit originalem Swing in einem gemeinsamen Konzert mit Buddy Tate.

1971 Sechswöchige Afrikatournee durch 19 Staaten.

Streß-Situationen während der Afrikatournee offenbaren Brüche in der Entwicklung. Horst Dubuque verläßt die Band; die darauf folgenden Besetzungsveränderungen beeinflussen Sound und Stil. Der Frankfurter »Sinkkasten« wird zeitweilig zum Heimathafen der Barrelhouse Jazzband. Dieter Nentwig wird zum Agenten und offiziellen Vertreter der Band.

1972 Die LP »Hot and Free« zeigt die Barrelhouse Jazzband im New Orleans Stil, mit klassischem Blues und gemeinsam mit Free-Jazz-Musikern.

1973 20jähriges Jubiläum, Freundschaften und Zusammenspiel mit französischen und englischen Musikern bringen neue stilistische Einflüsse.

1974 »Tiefpunkt« der Bandkarriere (208 m unter dem Meeresspiegel): Konzert am See Genezareth während der Tournee durch Israel. Teilnahme an der »Grande Parade du Jazz« in Nizza. Dort 2. Preis im Wettbewerb um die beste europäische Band (1. Preis: Michel Attenoux).

1975 Wieder Einladung nach Nizza, Tournee mit Jimmy McPartland und Dick Cary. Angi Domdey verläßt die Band. Zum erstenmal hat die Band einen regelmäßigen Fahrer und Techniker: Wolfgang »Fatty« Aring.

1973 in der alten »Fabrik« Hamburg: Frank Selten, Werner Knodel, Angi Domdey, Herbert Bohn, Horst Schwarz, Reimer von Essen, Gerhard »Marcel« Horst (Jailhouse Jazzmen, Hamburg), Matthias Achenbach

Die nächsten Jahre – ohne Angi Domdey – stellen die Barrelhouse Jazzband einerseits ganz auf die eigenen Programm-Füße. Andererseits wird die Zusammenarbeit mit den in Nizza gewonnenen Freunden aus den Reihen der großen Jazz-Heroen immer wichtiger. In Frankfurt wird das »Birdland« eine Zeitlang zum neuen Fixpunkt.

1978
Burgruine Dreieichenhain:
Hans-Georg Klauer,
Reimer von Essen,
Horst Schwarz,
Agi Huppertsberg,
Bernd K. Otto,
Frank Selten,
Eberhard Jirzik,
Matthias Achenbach

1976 Erneute Einladung nach Nizza. Buddy Tate macht der Barrelhouse Jazzband Mut, nun auch große Musiker des Swing als Solisten vorzustellen.

1977 Die Fernost-Tournee ist das größte Ereignis. Im Herbst Festivalauftritte in Polen. Deutscher Schallplattenpreis von der Deutschen Phono-Akademie.

1978
»Rebecca« in der
»Dixieland Hall«
Stuttgart:
Eberhard Jirzik,
Reimer von Essen,
Horst Schwarz,
Bernd K. Otto,
Frank Selten

1978 25jähriges Jubiläum mit eigener Fernsehsendung; anschließend eine Tournee mit Carrie Smith. Beim Auftritt im North Sea Festival in Den Haag hört Eubie Blake die Barrelhouse Jazzband und schreibt sein begeistertes Urteil.

1979 Tourneen mit Freddie Kohlman und Carrie Smith; im Frühjahr die Nahost-Tournee. Daneben Italien, Schweiz.

1980 Noch einmal Freddie Kohlman als Tourneegast; der erste Auftritt in Dresden und das Femö-Festival in Dänemark sind die Höhepunkte.

1981 Beginn der Zusammenarbeit mit Horst Langkamm; die Band beschließt, regelmäßig für den BUND zu spenden.

1982 Konzertreisen in die Schweiz und das Elsaß; Wiedersehen mit Carrie Smith beim SWF-Bluesfestival.

Der Beschluß, das 30jährige Jubiläum in der Alten Oper zu feiern, eröffnet eine neue Ära, in der die jährliche Konzerttournee mit großen und größten Gästen zur Regel wird. Die »Niddaparkterrassen« werden zum wichtigen Frankfurter Treffpunkt.

1983 Die ersten Jazztöne in der »neuen« Alten Oper: der St. Louis Blues von der Barrelhouse Jazzband. Holland und Irland stehen auf dem Festivalplan. Das Jubiläum mit seinen großen Gästen.

1984
»Niddaparkterrassen«:
Reimer von Essen,
Horst Schwarz,
Hans-Georg Klauer,
Lindy Huppertsberg

1983
Alte Oper Frankfurt:
Der Saxophonsatz –
Frank Selten,
Reimer von Essen
mit Agi Huppertsberg
und Blumenstrauß

1984 Große Reisen: England, Israel, Schweiz, DDR und die Südamerika-Tournee: Unter Zuhilfenahme einer Sauerstoff-Flasche wird die erste Riverboat-Shuffle auf dem Titicacasee zum »Höhepunkt« der Bandkarriere (3812 m über dem Meeresspiegel).

1985 Auftritte in Italien und Jordanien; der erste Frankfurter Opernball – mit Jazz.

1986 Noch einmal ins friedliche Jordanien und ins Elsaß. Zum erstenmal »Martinique« im Repertoire.

Nach der Schließung der Niddaparkterrassen werden die alljährlichen Jazzkreuzfahrten zeitweilig zum Treffpunkt für die Band, ihre Musikerfreunde und viele Jazzliebhaber. Die

Herbsttourneen dehnen sich aus – durch wiederholte Einladungen bilden sich liebgewonnene Auftrittszentren.

1987 Wiederbegegnung mit Doc Cheatham und Arnett Cobb bei einer TV-Aufnahme des SWF, die bis heute immer wieder gesendet wird. Erste Einladung nach Oslo, erste Jazzkreuzfahrt. Vierteljahrespreis der deutschen Schallplattenkritik.

1988 Holland, England, Österreich, zweite Kreuzfahrt. Die Ellington-Medleys werden zum festen Repertoire-Bestandteil und führen zu gemeinsamen Konzerten mit dem Heinz Sauer Quartett.

1989 Dritte Jazzkreuzfahrt; die alljährliche Barrelhouse Jazz Party in der Alten Oper ist nun jedes Jahr ausverkauft.

Der Versuch, im Frankfurter »Künstlerkeller« einen neuen Anlaufpunkt zu etablieren, schlägt fehl. Treffpunkte bleiben die Festivals, zu denen ein wichtiges hinzukommt. Das stilistische Spektrum der Band erreicht seine größte Ausdehnung, als gleichzeitig an einem »Basie-Projek«t und einer »Barrelhouse Jazzband plays King Oliver«-CD gearbeitet wird.

1985
Opernball in der Alten Oper Frankfurt:
Bernd K. Otto,
Agi Huppertsberg,
Hans-Georg Klauer,
Lindy Huppertsberg,
Gene »The Mighty Flea« Connors,
Reimer von Essen,
Frank Selten,
Horst Schwarz

1986
In den »Niddapark-terrassen« Frankfurt: mit der »Dirty Dozen Brassband« aus New Orleans

1990 Ein nostalgischer Auftritt im Pariser Quartier Latin und ein schönes Festival in St. Gilles Croix-de-Vie. Andere Reisen werden schon zur lieben Gewohnheit.

1991 Mehrere Fernsehauftritte. Wiedersehen mit Oslo. Das Hessische Jazzjahr stellt die Barrelhouse Jazzband als den Vertreter des alten Jazz heraus. Vierte Jazzkreuzfahrt.

1992 Zum erstenmal werden in einem Jahr gleich zwei CDs eingespielt; die Jazztage Plön bringen einen neuen Fixpunkt ins Barrelhouse-Jahr. Das »Barrelhouse-Showboat« fährt durchs Mittelmeer.

1993 Jubiläum – eine Einladung nach New Orleans, der die Band ihrer Verpflichtungen wegen erst später folgen wird. Wiederbegegnung mit Carrie Smith und vielen anderen alten Freunden ...

Und das Wichtigste ist seit vierzig Jahren gleichgeblieben: Jede Woche ist Probe.

DIE REISEN

Die erste große Reise führte 1968 durch die Südstaaten Nordamerikas. Höhepunkt war die Teilnahme am ersten New Orleans Jazz and Heritage Festival mit Louis Armstrong und seinen All Stars im gleichen Konzert. Seither ist die Barrelhouse Jazzband in vier Erdteilen und mehr als fünfzig Ländern aufgetreten. Durch diese Aufstellung sei die Reisefreudigkeit der Band noch einmal dokumentiert.

AFRIKA

Ägypten – Äthiopien – Dahomé (Benin) – Elfenbeinküste – Ghana – Kamerun – Kenia – Madagaskar – Mali – Mauretanien – Nigeria – Ruanda – Senegal – Sierra Leone – Tansania – Togo – Tschad – Uganda – Belgisch Kongo (Zaire)

ASIEN

Hongkong – Indien – Indonesien – Iran – Israel – Jordanien – Libanon – Malaysia – Pakistan – Syrien – Thailand – Türkei

1971 während der Afrikatournee in Daressalam: Reimer von Essen, Horst Dubuque, Frank Selten, Michael Klose (in Vertretung von Gerhard Abt), Hans-Georg Klauer

Konzertprogramm aus Hong Kong (1984)

EUROPA

Belgien – Bundesrepublik – Dänemark – DDR – England – Frankreich – Holland – Irland – Italien – Luxemburg – Norwegen – Österreich – Polen – Schweiz – Spanien

NORDAMERIKA

Kanada – USA

SÜDAMERIKA

Bolivien – Kolumbien – Peru

1968
in New Orleans:
Werner Knodel,
Angi Domdey,
Gerhard Abt,
Horst Dubuque (kniend),
Manfred Spanier,
Reimer von Essen,
Herbert Bohn,
Frank Selten,
Merill M. Hammond
(Förderer der Band)

1968
auf dem Weg
nach New Orleans:
Klaus Schreiner
(Manager),
Horst Dubuque,
Gerhard Abt,
Frank Selten,
Manfred Spanier,
Werner Knodel,
Reimer von Essen,
Herbert Bohn

1968
Jazzfest im Municipal
Auditorium New Orleans:
Frank Selten,
Herbert Bohn,
Horst Dubuque,
Reimer von Essen,
Angi Domdey,
Gerhard Abt

1979
vor den Pyramiden
von Gizeh:
Frank Selten,
Horst Schwarz,
Lindy Huppertsberg,
Agi Huppertsberg,
Bernd K. Otto,
Reimer von Essen,
Hans-Georg Klauer,
Eberhard Jirzik

The Barrelhouse Jazzband

was founded in 1953 and has since become West-Germany's most famous and oldest traditional jazzband. The band has toured all over the world — more than 40 countries up to now —, with several of their tours sponsored by the Goethe-Institut.

The Barrelhouse Jazzband has played at most of the important international jazz festivals, among them the « Grand Parade du Jazz » in Nice (1974, 1975, 1976), the « Oude Stijle Jazz Festival » in Breda (1974), the « Jazz Jamboree » in Warsaw (1977) and other ones in the Hague, Paris, San Sebastian etc.

At many concerts and festivals, the band has accompanied a number of famous jazz artists, such as Sam Wooding, Mezz Mezzrow Dick Carry, « Mighty Flea » Conners; recently the band toured and recorded with the great Carrie Smith. On their tour of the USA, the Barrelhouse Jazzband were made « Honorary Citizens » of New Orleans for their successful great efforts of preserving traditional jazz.

The band has recorded on several labels. In 1977, their LP « You are Driving Me Crazy » was voted by the German Phono Academy as the best jazz record released in Germany that year. This award is the most prized in the German record industry.

The Barrelhouse Jazzband is famous for its creation of a very unique Hot-Jazz Style, including elements of New-Orleans Jazz and of « early » Big-Band-Jazz. The band has its own typical sound, owing to the style of the band's own arrangements and to the use of a saxophone instead of the usual trombone.

Their present tour, arranged by Goethe-Institutes in the Middle East with the assistance of Lufthansa, will lead them, after Beirut, to Tripoli, Damascus, Amman Cairo and Alexandria.

فرقة «باريل هاوس» لموسيقى الجاز

تأسست هذه الفرقة عام ١٩٥٣ وهي تعتبر الآن من أقدم فرق الجاز وأكثرها شهرة في المانيا. وقد قامت بجولات موسيقية في مختلف أنحاء العالم زارت فيها أكثر من ٤٠ بلدا حتى الآن بعضها بدعوة من معهد غوته. كما أنها اشتركت في معظم المهرجانات الدولية لموسيقى الجاز. وقد ضمّت عددا من مشاهير الجاز ومنهم «سام وودينغ» و «مز مزرو» و «وديك كارى» كما أن الفرقة عزفت مؤخرا مع الفنان الشهير «كاري سميث» وقامت بعدد من التسجيلات. وفي جولتها الأخيرة الى الولايات المتحدة حصل أعضاؤها على لقب «مواطني شرف» في «نيو أورلينز» لابداعهم في عزف موسيقى الجاز التقليدي القديم.

وفي عام ١٩٧٧ اختارت الاكاديمية الالمانية للتسجيلات الصوتية اسطوانتهم كافضل اسطوانة لهذا العام. وهذا أرفع لقب في عالم الموسيقى في المانية.

اشتهرت هذه الفرقة بأسلوبها الفريد في العزف والتوزيع لاسيما وأنها استبدلت آلة النفخ المتردد (الترومبون) بآلة الساكسوفون في ادائها.

وتقوم الفرقة بهذه الجولة في الشرق الاوسط بدعوة من معهد غوته وبالتعاون مع شركة لو فتهانزا للطيران. تعزف خلالها بعد بيروت في كل من طرابلس ودمشق وعمان والقاهرة والاسكندرية.

1984, Barrelhouse Brassband in Tel Aviv:
Christoph Wackerbarth, Harald Blöcher, Rudi Möbus, Gerhard Abt, Klaus Pehl, Frank Selten, Reimer von Essen, Hans-Georg Klauer, Bernd K. Otto, Dieter Nentwig, Horst Schwarz, Herbert Christ, Karl-Heinz Möbus

1992 während der Jazz-Kreuzfahrt »Barrelhouse Showboat« im antiken Theater von Ephesus

Konzertprogramm aus Amman (1985)

DIE MUSIKER

Die Besetzungswechsel der Band waren gravierende Einschnitte. Daß dabei die Kontinuität der Barrelhousemusik nie abbrach, sich alles allmählich entwickelte und die Anfänge auch heute noch im Gesamtbild präsent sind, ist das geradezu Einmalige.

Genannt werden hier die Musiker, die neu in die Band eintraten. Sie ersetzten ab 1954 jeweils ihre Vorgänger am gleichen Instrument oder spielen ein neu in die Band aufgenommenes:

1953 Horst Dubuque – co; Alfred Dechert – cl; »Huber« – tb; Oskar Tiergärtner – p; Annette Haug – bjo; Gerhard Abt – sousa; Helmut Calzaferri – dr

1954 »Higginbotham« – tb; zunächst K. Hien, später Friedhelm Hoffmann – p; dazu Rolf Hans – wb

1955 Friedhelm Hoffmann – tb; Werner Knös – p

1956 Jürgen Scherzer – cl; Werner Sahm – p; Hans-Georg Klauer – dr; ohne Rolf Hans
1957 Harald Blöcher – tb; zunächst »Chattanoogie« – bjo; später Manfred Fuchs – bjo
1958 Rolf Günther – bjo
1959 Horst Schwarz – 2. co
1960 Klaus Geldern – 2. co; zunächst Volker Appelhäuser – p; später Werner Fernges – p; dann wieder Volker Appelhäuser – p; Karl Heinz Rohmig – sousa; »Ory« – dr
1961 Frank Selten – as (später auch ts, ss, cl, bar-s); Werner Sahm – p; Gerhard Abt – sousa; Hans-Georg Klauer – dr; ohne Klaus Geldern – 2. co
1962 Reimer von Essen – cl (später auch as); Willi Fräsdorf – tb; Werner Knodel – p; Herbert Bohn – bjo; Horst Kehrer – dr
1964 Norbert Becker – dr
1965 ohne Willi Fräsdorf – tb
1966 Angi Domdey – voc
1967 Manfred Spanier – dr
1969 Horst-Georg Klauer – dr
1971 Horst Schwarz – tp (statt co); zusätzlich Matthias Achenbach – g
1972 ohne Gerhard Abt
1973 Matthias Achenbach – b, g
1975 Bernd K. Otto – bjo, g; Eberhard Jirzik – b
1976 ohne Angi Domdey
1977 Agi Huppertsberg – p; Eberhard Jirzik auch 2. tp; in diesen Stücken Gerd Harders – b
1978 ohne Gerd Harders
1979 Lindy Huppertsberg – b
1989 Cliff Soden – b

Brassband auf dem »Barrelhouse Showboat« im Hafen von Istanbul: Benny Dombrowe, Klaus-Dieter George, Frank Selten, Christoph Wackerbarth, Horst Schwarz, Gerhard »Doggy« Hund, Christoph Schneichel, Reimer von Essen, Mathias Seuffert

DIE GASTSOLISTEN

Im Laufe der Jahre ist eine erstaunliche Zahl illustrer Gastsolisten mit der Barrelhouse Jazzband aufgetreten: große, stilbildende Musiker von jazzgeschichtlicher Bedeutung, aber auch befreundete Solisten unterschiedlicher Stilrichtung aus dem näherem Umfeld der Band.

Diese Tradition begann bereits 1959, als Albert Nicholas im legendären Frankfurter »Storyville« von der Barrelhouse Jazzband begleitet wurde, und setzte sich bald fort mit Mezz Mezzrow und Sam Wooding, der seine Lebensgefährtin, die Sängerin Rae Harrison, mitbrachte. Es folgte eine lange Reihe von Auftritten mit: Jimmy McPartland – co; Dick Cary – p, Ftp, bar-horn; Freddie Kohlman – dr; Pee Wee Erwin – tp; Jimmy Maxwell – tp; Wallace Davenport – tp; den Sängerinnen Angela Brown, Berryl Bryden, Jeanne Carroll, Joan Faulkner, Maxine Howard, Melbra Rai, Jean Shy und den Sängern Richard Boone und Bill Ramsey...

Seit dem dreißigsten Geburtstag der Band haben an den jährlich stattfindenden »Barrelhouse Jazz Galas« besonders zahlreiche Gäste mitgewirkt, die zum Teil auch schon vorher mit der Barrelhouse Jazzband zusammengearbeitet hatten:

1983: Carrie Smith – voc; Harry Edison – tp; Buddy Tate – ts; Gene Conners – tb; Katie Webster – p, voc;
1984: Joe Newman – tp; Major Holley – b; Gene Connors – tb; Adelaide Hall – voc; Willie Mabon – p; Gustl Mayer – ts;
1985: Arnett Cobb – ts; Al Grey – tb; Lillian Boutté – voc; Sammy Price – p;
1986: Doc Cheathman – tp; Benny Waters – cl, as, ts, voc; Tiny Grimes – g; Jimmy Witherspoon – voc; Big Joe Duskin – p, voc;
1987: Harry Edison – tp; Harold Ashby – ts; Claude Williams – viol; Jay McShann – p; Angela Brown – voc;
1988: Wild Bill Davison – co; George Kelly – ts; Benny Powell – tb; Teddy Riley – tp; Cousin Joseph Pleasant – p, voc; Claude Gousset – tb;

1975
»Eltzer Hof« Mainz:
Bernd K. Otto,
Frank Selten,
Jimmy Mc Partland,
Reimer von Essen,
Hans-Georg Klauer,
Dick Cary

1964
Fernsehstudio des
Hessischen Rundfunks:
Sam Wooding,
Rae Harrison,
Olaf Hudtwalcker

1964
Fernsehstudio des
Hessischen Rundfunks:
Sam Wooding,
Herbert Bohn,
Willi Fräsdorf,
Horst Dubuque,
Horst Kehrer,
Frank Selten,
Reimer von Essen

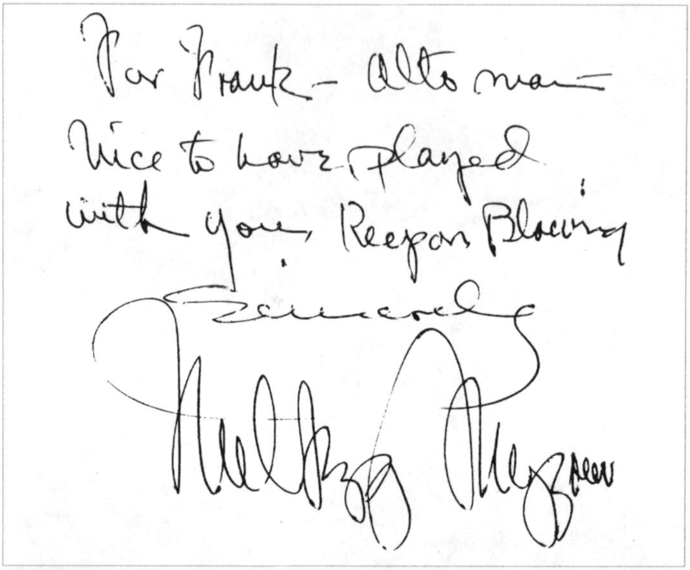

1978
bei Rosenthal in Selb:
Frank Selten,
Horst Schwarz,
Reimer von Essen,
Bernd K. Otto,
Carrie Smith

1967
Amerikahaus Frankfurt:
Frank Selten,
Mezz Mezzrow

1980
Museumskeller in
Rüsselsheim:
Agi Huppertsberg,
Lindy Huppertsberg,
Freddie Kohlman

1989: Clark Terry – tp, flh; Earl Warren – as; Lou Blackburn – tb; Laurel Watson – voc; Art Hodes – p;
1990: Jimmy Hamilton – cl; Norris Turney – as; Fred Smith – tp; Freddie Lonzo – tb; Phamous Lambert – p, voc; Sammy Rimington – cl, as;
1991: Billy Mitchell – ts; Spanky Davis – tp; Franz Jackson – ts, ss; Bill Campbell – p; Butch Miles – dr; Laverne Baker – voc; Fritz Hartschuh vib;
1992: Al Grey – tb; Irvin Stokes – tp; Haywood Henry – cl, ss; Plas Johnson – ts; Marty Grosz – g; Kuumba Williams – voc; Daniel Barda – tb

Die Zusammenarbeit mit manchen Gastmusikern ist auch auf Schallplatten dokumentiert:

Sam Wooding – p; Mezz Mezzrow – cl; Jimmy McPartland – co; Dick Cary – Ftp; Wild Bill Davison – co; Pee Wee Erwin – tp; René Franc – cl, ss; Trevor Richards – dr; John Deffrey – cl, as, ss, ts; Bob Barton – p; Michael Sell – tp mit Heinz Sauer – ts, Heiner Wiberny – as, Thomas Cremer – dr, Jürgen Wuchner – b und Adelhard Roidinger – b (Hot and Free Projekt); und (zweimal) Carrie Smith – voc.

In Sonderprojekten und Lehrkonzerten wirkten oder wirken regelmäßig eine Reihe befreundeter Musiker mit:

»Tribute to Duke Ellington«: Heinz Sauer Quartett mit Bob Degen – p; Günther Lenz – b; Thomas Cremer – dr; bzw. Vitold Reck – b; Janusz Stefanski – dr

1983 Siegen: Frank Selten, Buddy Tate, Horst Schwarz, Bernd K. Otto, Lindy Huppertsberg, Harry »Sweets« Edison, Reimer von Essen, Hans-Georg Klauer, Gene »The Mighty Flea« Conners

1985
Aula in Lauda:
(sitzend) Sammy Price,
Lindy Huppertsberg,
Frank Selten,
Lillian Boutté mit Enkel
von Arnett Cobb,
Bernd K. Otto,
Al Grey; (stehend)
Dieter Nentwig,
Arnett Cobb,
Reimer von Essen,
Horst Schwarz,
Hans-Georg Klauer,
Agi Huppertsberg

»History of Jazz«: Gerhard Abt – sousa; Harald Blöcher – tb; Herbert Christ – tp, co; Engelbert Christmann – sousa; Wolfgang Lösch – tp; Dieter Nentwig – wb; Klaus Pehl – cl, as, ts

»Swing ist in«: Fritz Hartschuh – vib; Klaus Lohfink – tb; Gustl Mayer – ts;

»Blues into Jazz«: Bernhard Dill – g, hca, voc; Manfred Häder – g; Ron Ringwood – voc

1990
»Mood Indigo«
in der Musikergarderobe
in Wörrstadt:
Sammy Rimington,
Jimmy Hamilton,
Reimer von Essen,
Phamous Lambert

1991
bei Karstadt
in Nürnberg:
(Vordergrund)
Billy Mitchell,
Laverne Baker,
Franz Jackson,
(dahinter) Bill Campbell,
Reimer von Essen,
Fritz Hartschuh,
Butch Miles,
Dieter Nentwig,
Bernd K. Otto,
Cliff Soden,
Horst Schwarz,
Spanky Davis,
Frank Selten

»The Music of Buddy Bolden«: Anne Bärenz – p; Herbert Christ – co; Horst Dubuque – co; Viola Engelbrecht – p; Christoph Heise – viol; Abbi Hübner – co; Rudi Möbus – tb
»Johnny Dodds«: zu einigen bereits Genannten noch Herbert Fennel – viol
»Louis Armstrong«: Rod Mason – co; Christoph Wackerbarth – tb

Unter den Musikern, die bei Konzerten der Barrelhouse Jazzband ausgeholfen haben, befinden sich (bisher nicht erwähnt): Gregor Beck – dr; Rolf Blenn – bj; Colin Dawson – tp; Irakli – tp; Klaus Kästner – tp; Reiner Regel – saxes; Thomas Streckebach – bjo, g.

Die Barrelhouse Jazzband dankt jedem einzelnen, der musikalisch und menschlich zu ihrer 40 jährigen Geschichte beigetragen hat und bittet diejenigen Freunde und Gäste um Verzeihung, die in dieser langen Liste versehentlich vergessen worden sein sollten.

DISKOGRAPHIE

von Frank Selten

Frank Selten
Kurzbiographie Seite 127

Von 1965 an geben die Platten der Barrelhouse Jazzband ihre musikalische Entwicklung exemplarisch wieder. Für die Zeit vorher müssen Einzelbeispiele genügen, die auf der 1978 erschienenen »25 Jahre« Platte zu finden sind. Bis heute gibt es 29 Plattenveröffentlichungen mit Musik der Barrelhouse Jazzband, davon 16 reine Barrelhouse-Platten. Bei den übrigen handelt es sich um »Sampler«, auf denen jeweils mehrere Bands vertreten sind. Die Stücke der Barrelhouse Jazzband sind dabei teils Originalaufnahmen (z. B. Live-Mitschnitte von Festivals), teils Wiederveröffentlichungen von älteren Aufnahmen. Der älteste veröffentlichte Titel stammt aus dem Jahr 1959.

GHB–49
(urspr. Privatpressung zugunsten der GFN)

1965 Driving Hot Jazz From the 20's

Long, Deep and Wide – Sweet Mumtaz – Close Fit Blues – Those Barrelhouse Blues – Gin House Stomp – Mule Face Blues – Headhunter's Dream – Washboard Wiggles – Deep Henderson – Papa De-Da-Da

Reimer von Essen – cl; Frank Selten – as; Horst Dubuque – co; Werner Knodel – p; Herbert Bohn – bj; Gerhard Abt – sous; Norbert Becker – dr, voc

CBS S 62623 /
Neuaufl. 1982:
L+R Records
LR 41.009

1966 Talking Hot

Thick Lip Stomp – I Must Have It – Black Mountain Blues – There'll Be a Hot Time In Old Town Tonight – Wooding Stomp – Scherenschleifer Joe – Downhearted Blues – Talking Hot – Last Chance Blues – Shanghai Shuffle

Horst Dubuque – co; Reimer von Essen – cl; Frank Selten – as; Werner Knodel – p; Herbert Bohn – bj; Gerhard Abt – sous; Norbert Becker – dr; Angi Domdey – voc

1967 **4ème Jazz Band Ball/Paris** — AFAJNO 6
(1 Titel Barrelhouse Jazzband)

Don't Fish In My Sea
Reimer von Essen – cl; Horst Dubuque – co; Frank Selten – as; Werner Knodel – p; Herbert Bohn – bj; Norbert Becker – dr; Gerhard Abt – sous; Angi Domdey – voc

1967 **Die Antwort weiß ganz allein der Wind** — action medico DH 1
(1 Titel Barrelhouse Jazzband)

The World Is Jazz Crazy
Horst Dubuque – co; Reimer von Essen – cl; Frank Selten – ts; Werner Knodel – p; Herbert Bohn – bj; Gerhard Abt – sous; Manfred Spanier – dr; Angi Domdey – voc

1972 **Jazz in einer alten Stadt (EP)** — GFN – SM – 0172

Stuttering Blues – Ozark Mountain Blues
Horst Schwarz – tp; Reimer von Essen – cl, as; Frank Selten – as, ts; Werner Knodel – p; Herbert Bohn – bj; Gerhard Abt – sous; Hans-Georg Klauer – dr

1972 **Hot and Free** — Hot and Free Produktion 1
(Barrelhouse Jazzband, Michael Sell Trio & Heinz Sauer)

Dippermäuschen – St. Louis Blues – Töne 13 – Creole Love Call – Töne 12, New Version – Nächstes Jahr in Orb, Version II – Nobody's Fault

Michael Sell – tp; Horst Schwarz – tp; Reimer von Essen – cl, as; Heinz Sauer – ts; Frank Selten – ts, as, ss; Werner Knodel – p; Herbert Bohn – bj; Jürgen Wuchner – b; Matthias Achenbach – b; Thomas Cremer – dr; Hans Georg Klauer – dr; Angi Domdey – voc

1974 **Barrelhouse Jazzband & Angi Domdey** — bellaphon 260.03.002 (original: BLPS 19186)

Rebecca – Sweet Sue – Weepin' Willow Blues – Walkin' To Jerusalem – Tobacco Road – Perdido Street Stomp – Weary Blues – Stardust – That Milky White Way – Poor Man Blues – Bye And Bye

Reimer von Essen – cl, as, b, arr; Frank Selten – as, ts, ss; Horst Schwarz – tp, voc; Herbert Bohn – bj; Werner Knodel – p; Matthias Achenbach – b, g; Hans Georg Klauer – dr; Angi Domdey – voc

bellaphon BF 18315 | **1974** | **Rebecca** (Single aus bellaphon BLPS 19186, 1974)

Rebecca – Walkin' To Jerusalem

bellaphon 260.03.003
(original: BLPS 19205) | **1975** | **Barrelhouse Jazzband & Angi Domdey / Travellin' Blues**

Twenty Years – Caledonia – Nobody Knows You When You're – Down And Out – Zonky – Really The Blues – Moan You Mourners – Travellin' Blues – Ozark Mountain Blues

Reimer von Essen – cl, as, b, arr; Frank Selten – as, ts, ss; Horst Schwarz – tp, voc; Herbert Bohn – bj; Werner Knodel – p; Matthias Achenbach – b, g; Hans Georg Klauer – dr; Angi Domdey – voc

AMIGA 8 55 526 | **1976** | **Internationales Dixieland Festival Dresden '76**
(1 Titel Barrelhouse Jazzband)

Heebies Jeebies
Reimer von Essen – cl, as; Horst Schwarz – tp; Frank Selten – as; Werner Knodel – p; Eberhard Jirzik – b; Bernd K. Otto – bj; Hans Georg Klauer – dr

bellaphon 260.03.004
(original: BLPS 19247)
CD: bellaphon
288.03.001 | **1976** | **You are Driving Me Crazy**

You Are Driving Me Crazy – Heebies Jeebies – Egyptian Fantasy – I've Got To Be A Rugcutter – I'll Be Glad When You're Dead You Rascal You – Barrelhouse Bogie – Jeepers Creepers – Pontchartrain Blues – Ol' Man Mose

Horst Schwarz – tp, fh, voc; Werner Knodel – p: Frank Selten – ss, as, ts, voc; Eberhard Jirzik – b; Bernd K. Otto – bj, g; Hans Georg Klauer – dr; Reimer von Essen – cl, as, voc, arr

1977 **Drum Face** Phonola PR 7017
(The Trevor Richards New Orleans Trio, Barrelhouse Jazzband, Angi Domdey)

Barrelhouse Boogie (Barrelhouse Jazzband)–Sugar Blues (Trevor Richards New Orleans Trio)–Please Don't Talk About Me When I'm Gone (Trevor Richards New Orleans Trio)–Nobody Knows You When Your Are Down and Out (Trevor Richards New Orleans Trio & Angi Domdey)–Nobody's Fault But Mine (Barrelhouse Jazzband & Angi Domdey)–Mood Indigo (Barrelhouse Jazzband & John Deffrey)–Cherry (Trevor Richards New Orleans Trio & Horst Schwarz)–Drum Face (Trevor Richards & Hans Georg Klauer)

Barrelhouse Jazzband
Reimer von Essen–cl, as; Horst Schwarz–tp; Frank Selten–as, ts; Werner Knodel–p; Eberhard Jirzik–b; Bernd-Karl Otto–bj; Hans Georg Klauer–dr; Angi Domdey–voc

Trevor Richards New Orleans Trio
Bob Barton–p; John Deffrey–cl, as, ss, ts; Trevor Richards–dr

1978 **Starportrait–25 Jahre Barrelhouse Jazzband** Intercord INT 155.030
MC: INT 455.030

Too Late
Horst Dubuque–co; Klaus Geldern–co; Jürgen Scherzer–cl; Harald Blöcher–tb; Werner Fernges–p; Rolf Günter–bj; Gerhard Abt–sous; Hans-Georg Klauer–dr (Frankfurt, 1959)

Terrible Blues
Horst Dubuque–co; Klaus Geldern–co; Jürgen Scherzer–cl; Harald Blöcher–tb; Werner Sahm–p; Rolf Günter–bj; Gerhard Abt–sous; Hans-Georg Klauer–dr (Frankfurt, 1960)

East St. Louis Toodle-O
Horst Dubuque–co; Jürgen Scherzer–cl; Frank Selten–as; Harald Blöcher–tb; Werner Sahm–p; Rolf

DEUTSCHER SCHALLPLATTENPREIS 1977

Die vom Kuratorium der
Deutschen Phono-Akademie e.V. eingesetzte
unabhängige Jury des Deutschen Schallplattenpreises
hat der Schallplattenaufnahme

YOU ARE DRIVING ME CRAZY
BARRELHOUSE
BELLAPHON BLPS

den Deutschen Schallplattenpreis 1977
in der Kategorie

TRADITIONELLER JAZZ

zuerkannt.

Bonn, den 27. April 1977

Deutsche Phono-Akademie e.V., Berlin

Der Präsident des Kuratoriums

Der Vorsitzende

Günter – bj; Gerhard Abt – sous; Hans-Georg Klauer – dr (Frankfurt, 1962)

Black Snake Blues
Horst Dubuque – co; Reimer von Essen – cl; Frank Selten – as; Willi Fräsdorf – tb; Werner Knodel – p; Herbert Bohn – bj; Gerhard Abt – sous; Horst Kehrer – dr (Frankfurt / Höchst, 1963)

Wooding Stomp
Horst Dubuque – co; Reimer von Essen – cl; Frank Selten – as; Werner Knodel – p; Herbert Bohn – bj; Gerhard Abt – sous; Norbert Becker – dr (Frankfurt, 1965)

The World Is Jazz Crazy
Horst Dubuque – co; Reimer von Essen – cl; Frank Selten – ts; Werner Knodel – p; Herbert Bohn – bj; Gerhard Abt – sous; Manfred Spanier – dr; Herbert Bohn – bj; Gerhard Abt – sous; Manfred Spanier – dr; Angi Domdey – voc (Frankfurt, 1967 aus action medico DH 1)

Cakewalking Babies
Horst Dubuque – co; Reimer von Essen – cl; Frank Selten – as; Werner Knodel – p; Herbert Bohn – bj; Gerhard Abt – sous; Manfred Spanier – dr; Angi Domdey – voc (Frankfurt 1968)

Prohibition Blues
Horst Dubuque – co; Reimer von Essen – cl; Frank Selten – ts; Werner Knodel – p; Herbert Bohn – bj; Michael Klose – b; Hans-Georg Klauer – dr (Frankfurt, 1971)

Nobody's Business If I Do
Horst Schwarz – tp; Reimer von Essen – cl; Frank Selten – ts; Werner Knodel – p; Herbert Bohn – bj; Gerhard Abt – sous; Hans-Georg Klauer – dr; Angi Domdey – voc (Hannover, 1972)

Doctor Blues
Horst Schwarz – tp; Reimer von Essen – as, cl; Frank Selten – ts, as; Werner Knodel – p; Herbert Bohn – bj; Gerhard Abt – sous; Hans-Georg Klauer – dr (Frankfurt / Höchst, 1972)

bellaphon beglückwünscht die Barrelhouse Jazzband zum 40jährigen Jubiläum

CDLR 70002
Barrelhouse Jazzband
"Talking Hot"
Horst Dubuque, Reimer von Essen, Frank Selten, Werner Knodel u.a.

CDLR 70003
Barrelhouse Jazzband & Angi Domdey
Reimer von Essen, Angi Domdey, Frank Selten, Herbert Bohn, Werner Knodel u.a.

CDLR 70004
Barrelhouse Jazzband & Angi Domdey
"Travellin' Blues"
Reimer von Essen, Angi Domdey, Frank Selten, Horst Schwarz, Herbert Bohn u.a.

CDLR 70005
Barrelhouse Jazzband
"You Are Driving Me Crazy"
Reimer von Essen, Horst Schwarz, Frank Selten, Bernd K. Otto u.a.

CDLR 40020
Barrelhouse Jazzband
"Plays Early Swing"
Reimer von Essen, Agi & Lindi Huppertsberg, Hans-Georg Klauer u.a.

CDLR 40022
The Barrelhouse Jazzband Plays
"The New Orleans Renaissance"
Reimer von Essen, Agi & Lindi Huppertsberg, Hans-Georg Klauer, Bernd K. Otto u.a.

SOUND-SERVICE bellaphon INTERNATIONAL

Sound für Kenner

CDLR 40026
The Barrelhouse Jazzband
"Plays Duke Ellington"
Reimer von Essen, Horst Schwarz, Frank Selten, Agi Huppertsberg u.a.

CDLR 40028
The Barrelhouse Jazzband
"Plays King Oliver"
Reimer von Essen, Horst Schwarz, Frank Selten, Agi Huppertsberg, Bernd K. Otto u.a.

Bellaphon International Sound Service
Mainzer Landstraße 87-89
6000 Frankfurt 1
Telefon 069/27 12 210-214

Österreich: Bellaphon Records
Grundsteingasse 5
A 1160 Wien
Telefon 0222/43 61 22

Schweiz: Bellaphon AG
Farbhofstraße 21
CH 8048 Zürich
Telefon 01/431 74 02-03

Sugar Foot Stomp
Sam Wooding – p; Horst Dubuque – co; Reimer von Essen – cl; Frank Selten – as; Willi Fräsdorf – tb; Herbert Bohn – bj; Gerhard Abt – sous; Horst Kehrer – dr (Frankfurt, 1963)

Dippermouth Blues
Milton Mezz Mezzrow – cl; Horst Dubuque – co; Reimer von Essen – cl; Frank Selten – as; Werner Knodel – p; Herbert Bohn – bj; Gerhard Abt – sous; Norbert Becker – dr (Frankfurt, 1966)

Egyptian Fantasy
René Franc – cl; Horst Schwarz – tp; Reimer von Essen – cl; Frank Selten – ss; Werner Knodel – p; Herbert Bohn – bj; Matthias Achenbach – b; Hans-Georg Klauer – dr (Frankfurt, 1973)

»F«
Michaell Sell – tp; Horst Schwarz – tp; Reimer von Essen – cl; Heiner Wiberny – as; Frank Selten – ts; Werner Knodel – p; Bernd K. Otto – bj; Adelhard Roidinger – b; Eberhard Jirzik – b; Thomas Cremer – dr; Hans-Georg Klauer – dr (Esslingen, 1976)

I'm confessin' – Big Butter and Egg Man
Wild Bill Davison – co; Horst Schwarz – tp; Reimer von Essen – cl; Frank Selten – ts; Werner Knodel – p; Herbert Bohn – bj; Matthias Achenbach – b; Hans Georg Klauer – dr (Frankfurt, 1975)

St. James Infirmary Blues
Jimmy McPartland – co; Dick Cary – Ftp; Horst Schwarz – tp; Reimer von Essen – cl; Frank Selten – ts; Norbert Kemper – p; Bernd K. Otto – bj; Eberhard Jirzik – b; Hans-Georg Klauer – dr (Frankfurt, 1975)

Nobody's Fault But Mine
Pee Wee Erwin – tp; Horst Schwarz – tp; Reimer von Essen – cl; Frank Selten – as; Werner Knodel – p; Bernd K. Otto – bj; Eberhard Jirzik – b; Hans-Georg Klauer – dr; Angi Domdey – voc (Nizza, 1975)

		I'm Gonna Sit Right Down Bob Barton – p, voc; Horst Schwarz – tp; Reimer von Essen – cl; Frank Selten – ts; Bernd K. Otto – g; Eberhard Jirzik – b; Hans-Georg Klauer – dr (Frankfurt, 1977)
Intercord INT 155.032 MC: INT 455.032	**1978**	**Dixieland Jubilee, Vol. V** (3 Titel Barrelhouse Jazzband aus Intercord INT 155.030, 1978) *Sugar Foot Stomp – Terrible Blues – Egyptian Fantasy*
Intercord INT 145.017	**1979**	**Barrelhouse Jazzband + Carrie Smith** Jazz Lips – Sweethearts on Parade – Two Tone Stomp – Good Ol' Waggon – Just A Closer Walk With Thee – Gimme a Pigfoot – Ministrel Man – Lazy River – Skokiaan Horst Schwarz – tp, voc; Reimer von Essen – cl, as; Frank Selten – as, ts, ss, cl; Bernd K. Otto – bjo, g; Agi Huppertsberg – p; Eberhard Jirzik – b, tp; Hans-Georg Klauer – dr; Lindy Huppertsberg – b; Carrie Smith – voc
FFM 79	**1979**	**Jazz aus Frankfurt** (1 Titel Barrelhouse Jazzband aus bellaphon BLPS 19247, 1976) *You Are Driving Me Crazy*
joke/WIRIC JLP 209	**1979**	**Jazz in der Burg** (2 Titel Barrelhouse Jazzband + Carrie Smith) *See See Rider – After You've Gone* Horst Schwarz – tp; Reimer von Essen – cl, as; Frank Selten – ts; Arndt Huppertsberg – p; Berndt Otto – bjo, gt; Eberhard Jirzik – b; Hans-Georg Klauer – dr; Carrie Smith – voc
CBS 79337	**1980**	**Musik aus Hessen** (1 Titel Barrelhouse Jazzband) *Mint Julep* Reimer von Essen – cl; Horst Schwarz – tp; Frank Sel-

ten – ts; Agi Huppertsberg – p; Bernd K. Otto – g; Lindy Huppertsberg – b; Hans-Georg Klauer – dr

1981	**Barrelhouse Jazzband Plays Jelly Roll Morton**	Intercord INT 145.038
	The Pearls – Mint Julep – Tia Juana – Georgia Swing – Grandpa's Spelis – Sweet Substitute – Wolverine Blues – Michigan Water Blues – King Porter Stomp	
	Horst Schwarz – tp, voc; Reimer von Essen – cl, as; Frank Selten – as, ss, ts, cl; Agi Huppertsberg – p; Bernd K. Otto – bj, g; Lindy Huppertsberg – b; Hans-Georg Klauer – dr	
1981	**Dixie Party** (2 Titel Barrelhouse Jazzband aus Intercord INT 145.017, 1979)	Intercord INT 150.047 MC: INT 450.047
	Jazz Lips – Two Tone Stomp Horst Schwarz – tp; Reimer von Essen – cl, as; Frank Selten – as, ts; Bernd K. Otto – bjo, g; Agi Huppertsberg – p; Eberhard Jirzik – b; Hans-Georg Klauer – dr	
1982	**Old Time Jazz, Jazz im Tägi '82** (2 Titel Barrelhouse Jazzband)	Elite Special SJLP 6338
	Jersey Lightning – King Porter Stomp Reimer von Essen – cl, as; Frank Selten – as, ts; Horst Schwarz – tp, voc; Arndt Huppertsberg – p; Bernd K. Otto – bjo; Lindy Huppertsberg – b; Hans-Georg Klauer – dr	
1983	**Barrelhouse Jazzband Plays Early Swing**	L + R Records LR 40.020
	Echoes Of Mezz – That's A Plenty – How Long Blues – Jersey Lightnin' – I Would Do Anything For You – Snowy Morning Blues – St. Louis Blues – Jump For Joy	
	Reimer von Essen – cl, as; Lindy Huppertsberg – b; Agi Huppertsberg – p; Hans-Georg Klauer – dr; Bernd K. Otto – bj, g; Horst Schwarz – tp, stp, voc; Frank Selten – ts, as, ss, cl	

1989
»I Let A Song Go Out Of My Heart« im Performance-Studio Frankfurt: Frank Selten, Horst Schwarz, Reimer von Essen Lindy Huppertsberg

Kiwanis MAS 165

1983 5. Swing- und Dixieland Festival, Bad Dürkheim

When My Dream Boat Comes Home – Steamboat Stomp – Never Will I Forget The Blues – I Would Do Anything For You – Blues for Fats – Rebecca

Reimer von Essen – cl, as; Horst Schwarz – tp, voc; Frank Selten – ts, as, ss, cl; Agi Huppertsberg – p; Lindy Huppertsberg – b; Bernd K. Otto – bj, g; Hans-Georg Klauer – dr

die 1822 – J/1

1985 Hot Frankfurt Mainstream Live, 1822-Jazz Records Volume 1
(3 Titel Barrelhouse Jazzband aus MAS 165, 1983)
When My Dreamboat Comes Home – Never Will I Forget The Blues – Rebecca

Horst Schwarz – tp, voc; Reimer von Essen – cl; Frank Selten – ss, ts; Agi Huppertsberg – p; Bernd K. Otto – bj, g; Lindy Huppertsberg – b; Hans-Georg Klauer – dr

1987 **Barrelhouse Jazzband Plays: The New Orleans Renaissance**

L + R Records
LR 40.022
CD: CDLR 40022
MC: LR 60022

When My Dreamboat Comes Home – Blues For Jimmy – Martinique – Madagaskar – Blues For Fats – Get Out Of Here

Reimer von Essen – cl, as; Agi Huppertsberg – p; Lindy Huppertsberg – b; Hans-Georg Klauer – dr; Bernd K. Otto – bj, g; Horst Schwarz – tp; Frank Selten – ts, as, ss, cl

1989 **Barrelhouse Jazzband Plays Duke Ellington**

L + R Records
LR 40026
CD: CDLR 40026
MC: LR 60026

A Date With The Duke – Medley Numer One-Medley Number Two – I Let A Song Go Out Of My Heart (auf CD zusätzlich eine zweite Version)

Reimer von Essen – cl, as, voc; Horst Schwarz – tp, voc; Frank Selten – ts, as, ss, cl, voc; Agi Huppertsberg – p; Bernd K. Otto – bj, g; Lindy Huppertsberg – b, voc; Hans-Georg Klauer – dr

1992 **The Barrelhouse Jazzband Plays King Oliver**

bellaphon
L + R Records
CD: CDLR 40028
MC: LR 60028

Just Gone – I Want You Just Myself – Trumpet's Prayer – New Orleans Shout – Snag It – Doctor Jazz – Working Man's Blues – Dippermouth Blues – Snake Rag – Blues For King Joe

Reimer von Essen – cl, as, arr; Horst Schwarz – tp, co, voc, arr; Frank Selten – ss, as, ts, bs, cl; Agi Huppertsberg – p; Bernd K. Otto – bjo, g; Cliff Soden – b; Hans-Georg Klauer – dr; special guest on Blues for King Joe: Heinz Sauer – as

1992 **SWF – Blues Festival 1981 – 1991**
(2 Titel Barrelhouse Jazzband + Carrie Smith vom SWF-Bluesfestival in Lahnstein 16.10.1982)

Blues Network CD 3

Please Send Me Someone To Love – Down Hearted Blues

Carrie Smith – voc; Horst Schwarz – tp; Reimer von Essen – as, cl; Frank Selten – ts; Agi Huppertsberg – p; Bernd K. Otto – g, bj; Lindy Huppertsberg – b; Hans-Georg Klauer – dr

CD: GHS-Edition 2 **1992** **Barrelhouse Favorites**

GHS-Shuffle – Ministrel Man – Stardust – Barrelhouse Showboat – Organ Grinder's Swing – Skokiaan – Mama's Got A Baby – The Dirty Dozen – Never Will I Forget – Martinique

Reimer von Essen – cl, as, voc, arr; Horst Schwarz – tp, co, voc, arr; Frank Selten – ss, as, ts, bs, cl, voc; Agi Huppertsberg – p; Bernd K. Otto – bjo, g; Cliff Soden – b; Hans-Georg Klauer – dr;

IN MEMORIAM

von Reimer von Essen

1968
Horst Dubuque,
Werner Knodel,
Gerhard Abt

HORST »DUCLO« DUBUQUE (1934–1991) – co

gründete die Barrelhouse Jazzband. Seine Liebe zur Musik King Olivers prägte die Band, seine geradezu fanatische Intensität gab ihr von Anfang an die besondere Ausstrahlung. Nach innen schuf sein Sendungsbewußtsein die Atmosphäre, in der die detailbesessene Arbeit am Repertoire gedieh. In seinem eigenen Stil fanden sich neben dem Einfluß von Oliver auch solche von Freddie Keppard, Bubber Miley und anderen stilistisch frühen Kornettisten des Jazz. Besonders das Spiel mit Dämpfern war seine Spezialität. Stets von künstlerischem Ernst beseelt, gelangen ihm kornettistische Höhenflüge über dem Kollektiv. »Duclo« war in diesem Stil weltweit einmalig, was auch nach der Publikation der ersten LP in Amerika 1966 in der internationalen Hot-Jazz-Szene gewürdigt wurde. Außer in der Barrelhouse Jazzband spielte er zeitweilig auch als Mitglied in der Sidewalk Jazzband. Nach der Afrika-Tournee 1971 verließ er die Barrelhouse Jazzband und gründete eine eigene Band unter dem Namen »Red Hot Hottentots«, den er früher schon gelegentlich für eigene kleine Besetzungen benutzt hatte. Auch diese Band führte er zu großen Erfolgen und nahm mit ihr 8 LPs auf. Er gehörte ihr bis zu seinem Tod an.

WERNER KNODEL (1942–1991) – p

war in der Frankfurter Amateurszene aktiv, bevor er 1962 in die Barrelhouse Jazzband eintrat. Sein Stil – anfänglich ohne bewußte Anklänge an große Vorbilder – erfuhr entscheidende Impulse durch die Begegnung mit Sam Wooding. In der Zeit nach 1968 beeindruckte ihn der zeitgenössische New Orleans Jazz stark; seine persönliche Mischung dieser Einflüsse wurde zu einem so eigenen Stil wie bei wenigen seiner Kollegen – man erkannte ihn nach wenigen Takten sofort. 1977 verließ er die Barrelhouse Jazzband, spielte in der Folge bei den Red Hot Beans (2 LPs), später zusätzlich in der La Vida New Orleans Band (1 LP) und gastierte bei anderen Gruppen. Seine schönsten Aufnahmen in diesen Jahren wurden auf leider nur wenig verbreiteten Kassetten veröffentlicht.

GERHARD »LONI« ABT (1935–1991) – sousa

war Gründungsmitglied der Barrelhouse Jazzband. Aus autodidaktischen Anfängen entwickelte er im Laufe der Zeit einen Sousaphonstil, der vor allem durch einen schönen Ton wirkte. Das Spiel mit langen Tönen zur Begleitung von Kornett-Improvisationen wurde zu seinem »Markenzeichen«. Neben seinem Mitwirken in der Band war er als rastloser Jazz-Organisator unentbehrlicher Motor der Frankfurter Jazz-Szene. In den 60er Jahren spielte er auch nebenher in der Sidewalk Jazzband, der Original Union Brassband und den Hot Swingers mit. Nach seinem Ausscheiden aus der Barrelhouse Jazzband schloß er sich den Red Hot Hottentots an, auf deren LPs er oft zu hören ist. In dieser Zeit begann er auch mit seiner Mitarbeit bei den Jazz Classics; die Aufnahmen dieser Gruppe (bei »Stomps Off Records« auf CD) zeigen seinen Stil am schönsten. Ende der 80er Jahre verwirklichte er einen alten Traum und gründete »Lonis Dreamboat Serenaders«, eine stilistisch sehr weitgespannte Band, in der er bis zuletzt spielte. Von seinen zahllosen Aktivitäten rund um die Musik sei nur die Gründung der »Gesellschaft zur Förderung des New Orleans Jazz« (GFN) 1965 erwähnt, die dann die ersten »New Orleans- und Hot-Jazz-Festivals« in Europa veranstaltete. Später wuchs seine organisatorische Aktivität mit seinem Hauptberuf zusammen: Er wirkte bis zu seinem Tod in Bad Schwalbach als städtischer Kulturmanager.

KETZERISCHES UND ERGÖTZLICHES – AUS PERSÖNLICHER SICHT

von Hans-Georg Klauer

Hans-Georg Klauer
Kurzbiographie Seite 130

Ich befand mich am 3. Juli 1981 auf einem Flug nach New York, als ein reichlich beleibter und bekannter Herr von der ersten Klasse nach hinten den Gang auf der Suche nach dem room-service entlangruderte, vor mir stehenblieb, mich anstarrte, lange Luft holte und in Pfälzer Mundart ausstieß: »Baby Dodds, tatsächlich Baby Dodds! Was machst du denn hier? Wie geht's uns denn?« Ausruf und Frage stammten von einem gewissen Fritz Rau, in den fünfziger Jahren bei so manchem Barrelhouse-Auftritt dabei, in der Zwischenzeit zum Impresario von Weltruf avanciert. Ich war über das unvermittelte Wiedersehen so verblüfft, daß ich mit der Frage nichts Rechtes anzufangen wußte. Meinte er meinen Aufenthalt in der Economy-Class, oder was? Da ich die Teilfrage, wie es ihm denn selbst gehe, schlecht beantworten konnte, verfiel ich auf die etwas unpräzise Antwort, die trotzdem meine Situation, mein Wirken bei der Barrelhouse Jazzband, eigentlich mein ganzes Leben ziemlich genau beschreibt: »Als weiter!« Mit einem vielversprechenden: »Bis dann!« schlurfte Fritz davon. So ist das bei bekannten Leuten. Man kennt sich, man trifft sich, man nimmt Anteil am Schicksal des anderen. Das ist keine Einbahnstraße, in der alle zwar Helmut Kohl kennen, der wiederum mit Namen wie Bernd Otto kaum was anzufangen weiß. Und das mit Fritz Rau war kein Einzelfall!

Erst neulich kam ein Konzertbesucher zu mir und sagte begeistert: »Ich sag's schon seit Jahren zu meiner Frau, Sie sehen aus wie der Karl Dall. Sind Sie schon mal zusammen aufgetreten?« Oder der Fan, der bewundernd meinte, er habe noch nie einen Schlagzeuger wie mich gesehen, der bei konzentriertem Spiel eine ganze Käseplatte verzehren kann. »Wie machen Sie das denn?« Wenn die alle wüßten, was ich weiß!

Die folgende Passage aus einem Interview mit der Offenbach-Post beschreibt trefflich, was ich Ihnen sagen möchte:

Frage: Was ist ihr Hobby?
Antwort: Schlagzeugspielen!

1956
Horst Dubuque, Harald Blöcher, Jürgen Scherzer, Manfred Fuchs, Werner Sahm, Hans-Georg Klauer, Gerhard Abt

Frage: Welches Talent möchten Sie besitzen?
Antwort: Richtig Schlagzeugspielen!

Es begann Ende 1955. Ich war mit dem jetzt noch aktiven Pianisten Werner Sahm (Tel. 0 69 - 68 58 77, ab 17.30 Uhr) ständiger Besucher des Hot-Clubs Frankfurt im Kunstkabinett (Horst Lippmann, erinnerst du dich noch?), und wir beide beschlossen, überwältigt von den Eindrücken beim Düsseldorfer Amateur-Jazzfestival, eine Band zu gründen. Mein Klassenkamerad Heinz Röder sollte die Posaune halten, Werner am Klavier sitzen, der Klarinettist hieß Kippenberger, ich selbst war für das Schlagzeug vorgesehen, nicht zuletzt, weil in unmittelbarer Nachbarschaft meines Elternhauses der bekannte Two-Beat-Stompers-Drummer Ata Berk wohnte. Es fehlte ein Probenraum, und es fehlte ein Klavier. Der Kontaktmann für alle Frankfurter Jazzer – damals wie heute – Erwin Glier aus der »Breite Gass'«, verwies uns an die Barrelhouse Jazzband, Horst Dubuque, Bockenheim, Leipziger Straße (»Hier Elgert!«), die möglicherweise ein Klavier – »die kaufen sich ein neues« – zu verkaufen habe. Wir kauften! Und doch ging es mit unserer Band nicht so recht voran. Lag es daran, daß das mit einem Holzrahmen ausgerüstete Klavier die Kellerluft nicht vertrug, lag es daran, daß uns Werner mit seinen stilistischen Vorstellungen – Dave Brubeck, Stan Kenton – überforderte, nach ein paar Wochen war die Luft raus. Gleichwohl, die Kontakte zur Barrelhouse waren geknüpft, was dazu führte, daß Werner und ich auf getrennten Pfaden erfuhren, die Barrelhouse suche einen Trommler; dann und dann sei Probe. Gleichzeitig, aber ohne Absprache, tauchten Werner und ich zum Vorspielen in der Leipziger Straße auf, beide wild entschlossen, das gemeinsame Bandprojekt sausen zu lassen. Beide durften wir Duclo und seinen Barrelhousers Dixieländers (so ein Plakat aus jenen Tagen) unsere Künste zeigen. Werner wollte mit seiner an Joe Morello erinnernden Besenarbeit imponieren, ich hatte einen über zwei ganze Tage laufenden Schnellkurs bei Ata Berk in den Knochen. Die amtierenden Barrelhäusler Horst Dubuque (c), Friedhelm Hoffmann (tb), Gerhard Abt (sousaphon), Anette Hauck (bjo), Rolf Hanss (washboard) machten es sich leicht. Da auch noch der Pianostuhl leer war, ließen sie das Los entscheiden, das Ergebnis ist bekannt. Wäre diese (Los-) Entscheidung anders ausgefallen – auch kein Beinbruch –, denn ich konnte zu jener Zeit weder Piano noch Schlagzeug spielen. Übrigens, am gleichen Abend stieß Jürgen Scherzer als neuer Klarinettist hinzu, die Band war komplett, und wir spielten in fast unveränderter Besetzung (Harald Blöcher kam 1957 hinzu, die Banjospieler wurden wie Bundesligatrainer ausgewechselt) bis zum »Bruch« in 1962. Ich könnte nun in Details einsteigen, erste und wesentliche Auftrittsorte benennen, darauf hinweisen, daß nach jenem Bruch über einen kürzeren Zeitraum zwei Barrelhouse Jazzbands miteinander konkurrierten, sich gar gegenseitig juristisch belangten. Aber das ist nicht meine Aufgabe. Die Herausgeber haben mich ausdrücklich aufgefordert, nicht die Geschichte der Band, ihren musikalischen Werdegang, ihre Stellung in der Jazzwelt aufzuarbeiten, sondern nur kleine Begebenheiten vom Rande des Geschehens einer interessierten Leserschaft zugänglich zu machen. Du, und die Bandgeschichte aufarbeiten? Das wäre so, als wie wenn der Rathauspförtner die Geschichte der Stadt Frankfurt... Schreib' doch z. B., wie der Werner Knodel eines Nachts im Rausch – in Bielefeld war's – Toiletten- und Zimmertür nicht unterscheiden konnte und dem Herbert Bohn ans Bett gepinkelt hat. Du weißt schon. Was hiermit dokumentiert wäre.

DAS MISSVERSTÄNDNIS

Herbst 1986.

Die Barrelhouse-Jazz-Gala befand sich wie alle Jahre mit ihren amerikanischen Gästen auf Tournee. Meistens waren Bläser im Team, um aller Welt zeigen zu können, wie schön unsere Rhythmusgruppe klassischen Swingbeat zu unterlegen versteht. Programmablauf und die einzelnen Stücke waren nach einer Verständigungsprobe zu Beginn der Tour festgelegt. Mit von der Partie in diesem Jahr der begnadete Gentleman und Trompeter Doc Cheatham, der als Solostück entweder sein »I want a little girl« oder »Please don't talk about me when I'm gone« vortrug. Es war in Wörrstadt/Rheinpfalz. Abgesprochen war mit der Band und insbesondere mit Agi am Piano das zweite Stück, was Doc jedoch vergessen hatte. Doc drehte sich zu Agi in Erwartung der Piano-Intro zu »I want a little girl«. Doch Agi mißverstand die Geste, glaubte, Doc

1969
Werner Knodel,
Herbert Bohn

1986
Doc Cheatham
mit Horst Schwarz

wollte wissen, welches Stück dran sei, und flüsterte laut vernehmlich »Please don't, please don't«. Dies warf Doc völlig aus der Bahn. Warum sollte er seinen Hit, den auch Agi beherrschte, nicht spielen? Natürlich ging die Show nicht unter. Natürlich einigte man sich schließlich, als das Mißverständnis aufgelöst war. Es waren da zehn Sekunden auf der Bühne, in denen die Welt für uns Akteure unterzugehen schien, während das Publikum seine Gaudi über den tollen Gag hatte.

WOHNGELD

Hatte die Barrelhouse Jazzband bereits während ihrer Afrika-Tournee 1971 mit Photoapparaten und den damals üblichen Super-8-Kameras jeden Baum, jeden Strauch abgelichtet, Giraffen und Löwen eingefangen und den unvergleichlichen Anblick des Kilimandscharo fürs Heimkino festgehalten, kamen bei der Asientour 1977 Spezialmikrofone hinzu. Kein

1977
während der Asientournee mit Gastgebern aus Poona: Eberhard Jirzik, Renate Otto, Matthias Achenbach, Bernd K. Otto, Hans-Georg Klauer, Reimer von Essen, Horst Schwarz, Agi Huppertsberg, Frank Selten

Tempel, kein Flugzeugstart, keine Bootsfahrt entging auch diesmal den Jungfilmern. Tosender Beifall war Bernd Otto und Hans-Georg Klauer anläßlich der Uraufführung ihres gemeinsamen Filmes im einstigen Birdland am Lokalbahnhof gewiß. Ein Wermutstropfen verhinderte jedoch den absoluten Genuß. Der Filmton litt unter dem allgegenwärtigen Verkehrslärm. Wann denn sonst als aus rasenden Taxis, auf belebten Straßen, in startenden Flugzeugen konnte man die Kamera bedienen? Der Rest des Tages war Nacht. Und doch – am weißen Strand von Surabaya ergab sich endlich die Chance, ungestört das Medium Tonfilm zur Geltung zu bringen. Die Überraschung wartete zu Hause, die Surabaya-Szenen waren untermalt von einem heute noch gültigen Fachvortrag Agis über die wahrhaft komplizierte Frage, wer wann wieviel Wohngeld beanspruchen kann. Insofern hat der Barrelhouse-Asien-Film nichts an Aktualität eingebüßt.

1985
Agi Huppertsberg
mit Arnett Cobb

CHARAKTERE

Es gibt da einige Typen in der Band, die leben wahrlich in den Tag hinein. Andere planen im voraus. Agi z. B. ist bei unseren Reisen stets für den Fall gerüstet, daß alle Kneipen zu sind, daß über Nacht das Mehl rationiert wird, daß plötzlich ein absolutes Alkoholverbot ausgesprochen wird und daß diesmal die Reise nach Vegetarien geht. Die dicke Tasche, die er auf der Bühne neben das Piano plaziert, enthält seine Notration für solche Fälle. Daneben hat er ein Zwischenlager im Bandbus eingerichtet. Basislager ist der eigene PKW. Da kann in der Tat nichts schiefgehen. Was die Band allerdings nervt, ist die Art und Weise seiner Lagerverwaltung. Wenn es am Treffpunkt heißt »Agi kommt!«, bedeutet dies noch lange nicht, daß er sich in Bewegung setzt. Es vergeht oft mehr als ein Viertelstündchen, bis sein Sortiment umgepackt, umgefüllt ist. Autotüren gehen auf und zu, Reißverschlüsse werden gerissen, Taschen ein- und ausgeladen, der Wagen mehrmals umkurvt, wildfremde Menschen gegrüßt und mit den Tücken der Heizung im heimischen Wackernheim vertraut gemacht. Was allerdings versöhnt, ist die liebenswerte Art und Weise, wie er uns mit köstlichem Obst aus den Gärten Rheinhessens versorgt. Sack um Sack schleppt er für die Band an, und er gibt brav den Rat »seiner« Frau Zimmer weiter, dieser Apfel sei lediglich als Bratapfel zu verwenden, jener eigne sich vor-

1984
LH-Flug
Bogotá-Frankfurt:
Reimer von Essen
(sein von der Band
verliehenes Wappen
demonstrierend)

züglich für Kuchen. Jacques Tati muß wohl vor Schaffung seines Monsieur Hulot in Wackernheim gewesen sein.

Reimer führt gelegentlich selbst zubereiteten Kartoffelsalat mit. Jeder kann kosten. Für ihn gilt das Motto: »Wenn es dem einzelnen Bandmitglied gut geht, geht es mir gut, geht es der Band insgesamt gut.« Manchmal übertreibt er allerdings die Nächstenliebe und will kränkelnde Kollegen auf geradezu Eisenbartsche Weise mit seinem Schwedenbitter – eine stinkende Brühe, welche Lippen, Zähne und Zungen schwarz färbt und den Umgang mit offenem Licht ausschließt, kurieren. Dagegen hilft nur eines: sich gesund stellen. Selbst bei Knochenbrüchen droht eine schwarze Einreibung.

Frank stößt meistens auf den allerletzten Drücker und direkt aus der LH-Chefetage zur Band. Völlig freiwillig verteilt er zunächst junk-food aus der Kantine. Dann versinkt er in Meditation. Sein weiteres Verhalten während längerer Fahrten kann als unauffällig bezeichnet werden. Verwirrung stiften allerdings seine sich wiederholenden Stoßgebete, unser Hotel möge bitte nicht außerhalb geschlossener Ortslage liegen, er müsse sich unbedingt am nächsten Tag eine neue Hose kaufen. Ob da wohl im Kindergartenalter etwas falsch gemacht worden ist? Versöhnlich gestimmt wird Frank aber dann, wenn er erfährt, daß die bevorstehende Veranstaltung kein normales Konzert mit zwei Hälften ist, sondern ein fünf Stunden währender Club-Auftritt, bei dem man sich so richtig den Alltagsfrust wegblasen kann.

1984
Alte Oper Frankfurt:
Frank Selten umrahmt
von Gustl Mayer
und Major Holley

1985
Aula in Lauda:
Bernd K. Otto
mit Lillian Boutté

Für Bernd gilt das Motto: »Wenn's mir gut geht; kann es den anderen auch nicht besonders schlecht gehen.« Stets ist er der erste an der Hotelrezeption (»Das Einzelzimmer ist für mich, mein Rücken«), beim Einchecken am Airport (»Ich wollte nur einen Nichtraucherplatz«), beim Ausladen des Busses (»Horst, hast du meine Notentasche?«) oder beim Hofieren der Veranstalter (»Ich habe für Sie ein sensationelles Angebot«). Als Herausgeber eines merkwürdigen Pamphlets, des »Banjopodiums«, ist er aber durchaus in der Lage, sich und die anderen verbliebenen Banjospieler auf die Schippe zu nehmen.

Und im Ernst – es gibt weit und breit keinen Banjospieler, der so einfühlsam und technisch brilliant wie Bernd ein Gerät bedienen kann, von dem richtige Musiker behaupten, es sei eine Strafe Gottes.

Die anderen, Schorsch, Cliff, Morsch und Horst sind angenehme, zuverlässige Mitreisende. Besonders Cliff. Zugelaufen 1989, hat er außerdem das Durchschnittsalter der Band (Eintracht Frankfurt 25,2 Jahre, ZK der KPdSU zum Zeitpunkt seiner Auflösung 78,7 Jahre) auf sensationelle 49,3 Jahre zusammenschmelzen lassen. Er erfreut uns auch mit seinem in North Shields geprägten English (einer unserer US-Gäste: »Where the hell does the guy come from?«), das ihm sonst als

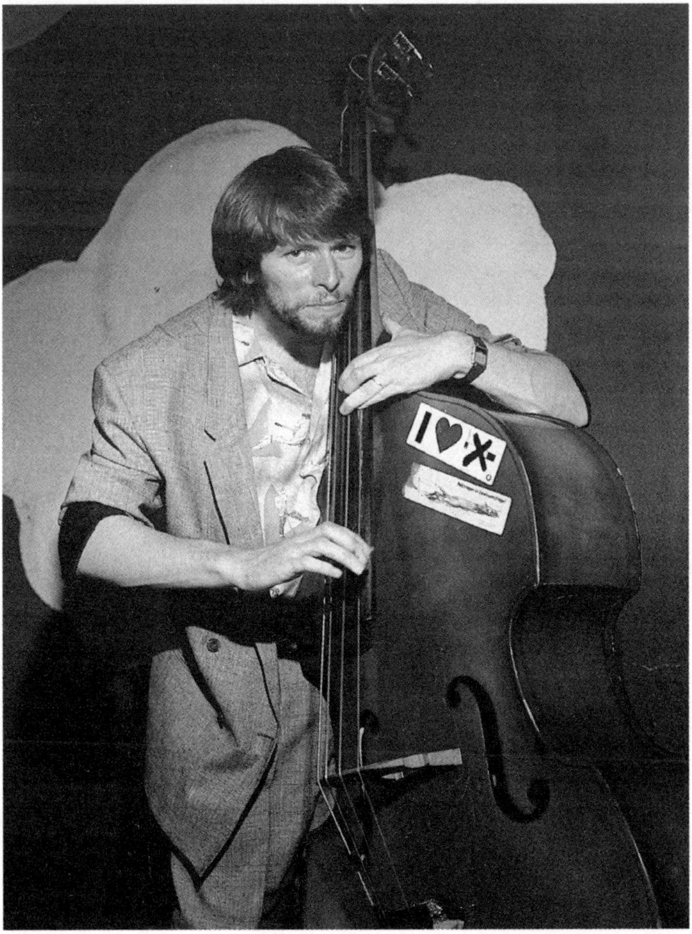

1989
Cliff Soden

1987
Horst Schwarz
mit Harry »Sweets«
Edison

Geheimsprache mit seinem Busenfreund Colin Dawson dient. Mangelnde Deutschkenntnisse, aber auch seine Hilfsbereitschaft hindern ihn daran, sich beim Entladen des Busses wie einige andere für diesmal zu entschuldigen.

Bis die Reise losgeht, müssen wir uns noch mit den klugen Ratschlägen Morschs auseinandersetzen, der meint, er habe gerade den Verkehrsfunk abgehört. Diesmal würden wir wirklich in den Jahrhundertstau (begleitet von einem Kälteeinbruch) geraten. Bereitwillig werden Abfahrtszeiten, Treffpunkt und Reiseroute geändert. Die Band stellt sich professionell auf das bevorstehende Chaos ein.

Alles scheint zu klappen – all people on board. Erschöpft und zufrieden schließt man die Augen und – landet auf der falschen Autobahn. Ein Aufschrei: »Hooorst!« Antwort aus der Fahrerkabine: »Ich hab halt gedacht, wo alles schläft!« Die sich anschließende Diskussion ist – obwohl sie so manches Bibelzitat über Aufgabenverteilung hinsichtlich Lenken und Denken enthält – nicht druckreif, bringt aber unseren achten Mann ins Gespräch, welcher ohne irgendeinen Beschluß der Band inzwischen unverzichtbares Mitglied der Barrelhouse Jazzband geworden ist: Horst!

Ohne Horst geht kaum noch etwas in der Band, er ist geradezu unverzichtbar, unersetzlich: Fehlt mal der Schorsch wegen seinem Parteikram – kein Problem. Kann Agi nicht mittun, weil das Piano unter aller Sau ist – no problem. Ohne Baß hat die Band über Monate gespielt – pas de problème. Ohne Banjo – da lachen die Hühner. Zu dritt, in welcher Konstellation auch immer, läuft es im Rhythmus stets leichter, lockerer. Das sagen alle. Und es gibt mehr Geld – sagt Bernd (soll gestrichen werden). Aber ohne Horst – geradezu unvorstellbar! Wer tankt zur rechten Zeit – und meistens den richtigen Treibstoff? Wer fährt den Bus – und findet meist die richtigen Autobahnen und Abfahrten? Wer rangiert unser gelbes Ungetüm auf engstem Raum – und meist ohne anzuecken? Wer lädt aus und ein – unter Verletzung tarifvertraglicher Absprachen? Wer schleppt, wer baut mit auf und ab? Wer versorgt die Band mit Getränken, wer verkauft die Schallplatten? Der Horst, unser Horst. Und wer ist der Blitzableiter für alle? Der Horst! Und wenn's ihm allzu bunt kommt, stöhnt er, sich

1993
Horst Ochs
und »sein« Bus

gleichzeitig entschuldigend: »Da mußt du kerngesund sein!« Dies wünschen wir ihm alle!

MORGENSTUND

Mitte der siebziger Jahre war es die Band leid, mit eigenen Fahrzeugen und getrennt zu den vielen Auftrittsorten zu jagen. Nach langen Diskussionen, in denen unser junger Gitarrist, Bassist, Allzwecktechniker Matthias Achenbach, das Wort führte, wurde der erste gemeinsame, jedoch gebrauchte Kleinbus – ein Hanomag – angeschafft. Wir hatten zwar mit dem gemeinsamen Gefährt die eine und andere Panne, und dennoch wurde Streß abgebaut – gemeinsames Leid und so. »Günstig, günstig!« meinte Matthias stets, wenn die Kiste wieder unterwegs liegenblieb. »Gut, daß das gerade jetzt passiert! Überlegt euch mal, wieviel Kilometer die Karre auf dem Buckel hat? Hat jemand mal ein Stück Draht?« In den meisten Fällen kamen wir auch mit einem blauen Auge davon. Es klapperte zwar an allen Ecken und Enden, es zog wie Hechtsuppe, die Heizung hatte längst ihren Geist aufgegeben, Wasser- und Ölverbrauch waren immens, aber unser Hanomag bewegte sich in der Regel vorwärts.

Es war nach einem Konzert in Reutlingen, es war Winter, es war Nacht und kalt. Es war auf der Autobahn zwischen Heilbronn und dem Autobahnkreuz Walldorf. Die einen schliefen ihren Rausch aus, die anderen qualmten, der Rest starrte in den Nebel. Da passierte es! Wieder mal stand die Karre. Wieder mal war ein Schlauch gerissen. Wieder mal machten sich Morsch und Matthias mit Kordel und Draht an die Arbeit – diesmal vergebens, ein Ersatzteil mußte her. Beide begaben sich auf einen ca. 10 km langen Fußmarsch zur nächsten Raststätte. Im Bus wurde es noch kälter. Das fehlende Fahrtgeräusch weckte die Schlafenden, auch Werner Knodel. Mit einem »Ich hab' die Schnauze gestrichen voll« griff er nach seiner Aktentasche – er war vom Job direkt zum Bus gekommen – schlug den Mantelkragen hoch und verschwand in die Nacht. Zwei Stunden später war die Panne behoben, die Band kam im Morgengrauen in Frankfurt an. Zur gleichen Zeit – so wurde später berichtet – sichteten frühe Kirchenbesucher aus einem kleinen Nest im Kraichgau einen tief in seinen Mantel versunkenen Fußgänger, der (von einem einsamen Hund begleitet) aus dem Wald auf die Dorfstraße trat, nach Streichhölzern und Bahnhof fragte und wieder im Nebel verschwand. Lilo berichtete, Werner sei gegen Abend und recht munter nach Hause gekommen, gerade so, als ob er sich nur etwas verspätet habe. Wir haben über den Fall nie wieder gesprochen – zumindest bis heute nicht.

EINFACH CLEVER

1976 spielten wir auf einem Festival in Warschau. Die Vorfreude war groß – polnische Gänse, schwarzer Markt. Die Gage gab es allerdings in Zloty. Es sollte ein Familienausflug werden; die meisten von uns nahmen die Ehefrauen bzw. Freundinnen mit. Morschs Sabine war verhindert, nahm allerdings ihrem Mann das Versprechen ab, was Großes, was Schönes, was Wertvolles, was Pelziges mitzubringen – einen Nutriamantel. Die Festivaltage verflogen im Nu. Konzert vor 3000 Besuchern im großen Kongreßsaal, ein Auftritt in Lodz. Morsch erinnerte sich seines Versprechens. Doch die Gage reichte nicht aus für diese Investition. Aber da gab es ja noch die freiberuflichen Geldwechsler an der Ecke, die jede Menge Zloty für harte DM bereit hatten. In einem Hauseingang ging der Tausch über die Bühne. »20 000 Zloty« für 200 DM, bitte schön, möchten Sie noch einmal nachzählen, mein Herr?« Morsch zählte, es stimmte genau. »Da müssen wir noch einen Gummi drum machen, bei diesen vielen Scheinen, mein Herr!« Die Scheine wechselten ihren Besitzer, wurden gerollt und mit einem Gummiband versehen. »Bitte schön mein Herr, viel Glück mein Herr!« Erst beim Pelzhändler wurde Morsch gewahr, daß sein Geldbündel nicht ganz mit dem identisch war, welches er noch vor ein paar Minuten in Händen hielt. Mit vereinten Kräften und Finanzspritzen gelang es uns aber doch, Morsch zu seinem Nutriamantel zu verhelfen. Das Geschäft des Jahres wurde allerdings noch unattraktiver, als unser Trompeter schweißgebadet, gekleidet in einen um einige Nummern zu kleinen Pelzmantel, dessen Ärmel kurz über die Ellenbogen reichten und der nicht zuzuknöpfen ging, im Frankfurter Flughafen am Zoll vorbeihuschen wollte.

BOTSCHAFTER

Die Afrika-Tournee, die uns 1971 innerhalb von sechs Wochen durch 19 Länder führte, war zweifellos Höhepunkt der bisherigen Bandgeschichte. Auf telefonische Anfrage des Goethe-Institutes mußten wir uns innerhalb von Stunden für diese Reise entscheiden, was für fast alle von uns, die wir noch einer geregelten Arbeit nachgingen, mit erheblichen Komplikationen verbunden war. Wir waren unsere eigenen Reisebegleiter, schleppten die gesamte Reisekasse (ca. 100 000 DM in Dollars, Francs und Reiseschecks) mit, mußten mit ca. 160 kg Übergepäck auf insgesamt 30 Flughäfen ein- und auschecken, mußten Zollbarrieren überwinden, hunderte von Kilometern – z. T. selbst am Steuer – auf abenteuerlichen Pisten mit Lastwagen zurücklegen. Im Gepäck befanden sich viele gute Ratschläge tropenerprobter Elternteile, wie z. B. die Empfehlung, des nachts stets – wegen der Erkältungsgefahr – eine Bauchbinde zu tragen und ja nicht die Ersatzbauchbinde zu vergessen. Ein Tropenhelm – Modell Arsen und Spitzenhäubchen – war Reimers wichtigstes Kleidungsstück; Brustbeutel waren obligatorisch. Unser Hauptaugenmerk richteten wir allerdings auf die schier unersetzlichen Instrumente. Jeder Instrumententransport durch Fremde wurde mit Argusaugen verfolgt. Und doch ... einmal verschwanden in den unergründlichen Windungen der Förderbänder des Flughafen Accra für eine Woche sämtliche Saxophone nach Paris (wo zur gleichen Zeit ein wichtiges Jazzfestival stattfand). Verstärkte, fröhliche Klarinettenklänge versöhnten uns und das Publikum. Mal überraschten wir bei dem Flug von Douala nach Njamena (Tchad) das geschulte Personal unserer Air Afrique DC-3, wie es bei einer Zwischenlandung, auf Bauch und Hals der Baßgeige stehend, Schweinehälften verlud. Schon damals fragen wir uns, wer denn in einem arabischen Land Schweinefleisch zu essen beabsichtigte. Wir fragten uns auch, welchen tieferen Sinn es haben könne, eine deutsche Jazzband zur Verbreitung amerikanischen Kulturguts nach Afrika zu schicken. Die einen zogen den Vergleich mit der berühmten japanischen Konzertpianistin, die in der Carnegie-Hall Chopin spielt. Die Gehässigen verglichen unsere »Botschaft« eher mit einem Schuhplattlerabend, dargeboten von Eskimos unter einem Beduinenzelt. Erst im Verlauf der Reise erkannten wir unseren Wert und Auftrag. Für manche deutsche Botschafter waren wir der Aufhänger dafür, am Rande des Konzerts politische

1971
im Garten des Goethe-Instituts Lagos:
Hans-Georg Klauer,
Matthias Achenbach,
Horst Dubuque,
Herbert Bohn,
Frank Selten,
Michael Klose,
Jakub Oluwole
(»Jakub Oluwole's Friendly Unity Band«),
Werner Knodel,
Angi Domdey

Kontakte zu knüpfen oder wieder aufzunehmen. Andere sahen in uns eine Art Truppenbetreuung für die europäische Gemeinde im fernen Afrika. Konzerte mit afrikanischen Musikern und Künstlern führten manchmal auch zu persönlichen Kontakten. Einige aus dem damaligen Barrelhouse-Team ärgern sich noch heute über das, was am 4. Oktober 1971 in Dakar/Senegal geschah. Dem ersten Barrelhouse-Konzert in Afrika folgte ein Auftritt des senegalesischen Nationalballetts von solch berauschender Schönheit, von solch überschäumender Dynamik, wie nur von Reimer von Essen beschreibbar. Später fanden wir uns in einer Disco mit den senegalesischen Tänzerinnen wieder und mißdeuteten die zarte Suche nach Gesprächspartnern als politisch motivierte Aushorchung einer lokalen Stasi – schade. Um die Welt ging damals allerdings die Nachricht, daß ein junger strammer Massai-Häuptling 10 Kühe für unsere Sängerin Angi Domdey geboten hatte. Er scheiterte. Er bot auch nur acht Kühe. Fünf Jahre später verloren wir allerdings Angi – ohne Ablöse. Sie hatte sich musikalisch freigeschwommen und ihre Liebe zu anderen Musikformen entdeckt. Die Afrika-Tournee hat bei jedem von uns Spuren hinterlassen. Bislang vorhandene Bilder über die Dritte Welt wurden gehörig zurechtgerückt. Ich selbst landete – avec tout mon cœur – in Cameroun und bin immer noch dort.

Das war vor 22 Jahren, aber auch 1993 – The Barrelhouse Jazzband – still going strong.

Und das, obwohl die vielen Reisen – meist an den Wochenenden – über unsere Autobahnen so manchen Verdruß bescheren. Auch einem Jubilar gebieten die obligatorischen Staus bei Karlsruhe, Kirchheim, am Leverkusener Kreuz Einhalt. Bei so mancher Raststättenbratwurst, in so manchem Dritte-Klasse-Hotel fragt man sich, was dies alles soll. Geht das so weiter bis zum definitiven Abwinken? Und dann siegt doch der Vagabund, platzt man geradezu vor Lachen, wenn ein Konzertabend – wie in Regensburg geschehen – so endet, daß die gesamte Band, das weibliche Mitglied eingeschlossen, in einem Hotelzimmer mit sieben nebeneinandergereihten Bettchen landet, wenn der Veranstalter nach Konzertende (»Wir hätten jetzt gerne die Gage kassiert, mein Herr!«) mit Unschuldsmiene bittet: »Geben Sie mir Ihre Visitenkarte, damit ich Ihnen schreiben kann, wohin sie Ihre Rechnung schicken können«, wenn einer unserer Saxophonisten – Sie wissen schon wer – mit schwungvollen ausholenden Bewegungen, aber ungewöhnlich leise einen Chorus beginnt, nach 5–6 Takten stutzt, innehält, sich umdreht, in Hüfthöhe nestelt, den Eindruck eines Mannes erweckt, der sich erleichtern muß, und dann dem goldenen Saxophon ein etwa 40 cm langes Reinigungsgerät entnimmt, wenn ein ebenfalls ungenannt bleibender Bandkollege bei der jährlichen Steuererklärung unserer Gesellschaft bürgerlichen Rechts, der Barrelhouse Jazzband, eine Rechnung über 10 000 Banjosaiten unterbringen will, wenn der Bandbus bei einer nächtlichen Reise durch Belgien statt in Brügge auf dem Marktplatz von Turnhout landet, weil unser begnadeter, ein wenig englisch sprechender Fahrer das Hinweisschild nach Turnhout als Bezeichnung für Ausfahrt (turnout) nahm – »Ich wollt halt kaan wecke!«, oder wenn die Frage diskutiert wird, inwieweit das zauberhafte Spiel der Frankfurter Eintracht mit unserer Botschaft zu vergleichen ist, etwas Abwechslung und Freude in den grauen Alltag zu tragen. Dann möchte ich um keinen Preis der Welt den Platz im Bus – zweite Reihe links am Fenster – gegen den Fernsehsessel eintauschen. Kill me softly, ich liebe euch alle!

VORWÄRTS IN DIE VERGANGENHEIT

von Eberhard G. Müller

AUCH EIN JUBILÄUM: 30 JAHRE IM LEBEN EINES BARRELHOUSE-FANS

Eberhard G. Müller ist Textchef der Schweizer Sonntagszeitung »SonntagsBLICK«.

Es begann vor über 30 Jahren mit einer Schellack-Platte, und es wurde eine lebenslange Fanschaft. Ich meine den alten Jazz und mich, denn die Barrelhouse Jazzband lernte ich erst zwei Jahre später kennen. Bei der wurde es dann eine lebenslange Freundschaft – nicht nur wegen der Musik, sondern auch und vor allem wegen der Musiker.

Der mit der Schellack-Jazzplatte (irgendwas von King Oliver war drauf, »Sugar Foot Stomp«, glaube ich): mein Königsteiner Klassenkamerad Engelbert Wengel. Die mit der Live-Jazzmusik: Reimer und Frank und Herbert und die anderen Barrelhäuser. Erinnerungen, die auch weh tun. Loni ist tot, Duclo und Werner sind tot; in den letzten beiden Jahren hatten die (Über-)Lebenden genug Grund zum Nachdenken.

Es ist kein Film, der vor meinen Augen abläuft, wenn ich an die Zeit ab Anfang 1962 denke, als ich den Namen »Barrelhouse Jazzband« und die Musik dieser Band zum erstenmal hörte. Es ist eher ein Dia-Abend nach einer sehr langen Reise. Ein Dia zeigt Frank und mich in unserer Studentenbude in der Frankfurter Heidestraße, unterm Dach und ohne Lift. Das nächste Dia, wie das erste schwarzweiß, weil es so lange her ist: Duclos Probenkeller mit dem angejahrten Plattenspieler, auf dem Scheiben rotieren, nach denen anfangs noch Nummer für Nummer kopiert wurde. Auf irgendein Heizungs- oder Abwasser-Rohr hatte ein Witzbold »Snakely Rag« gepinselt. »Long, Deep And Wide« war damals die Erkennungsmelodie der BHJB (Barrelhouse Jazzband) – oder war's ein paar Jahre später?

An meine ersten Jahre als Barrelhouse-Fan erinnere ich mich nicht ungern, aber auch nicht gerade begeistert. Es war die Zeit der großen Liebe, die natürlich nicht wahr werden konnte. Es war die Zeit, als die Spießbürger sich – vorerst – ein letztes Mal aufbäumten: »Frollein, trete Sie sich ja net uf die Schlepp!« moserte ein fetter Glatzkopf, als wir uns im Schauspielhaus bei einem Konzert von Juliette Gréco durch die Reihe drängelten. Natürlich war dein Mini sehr mini, Almut, aber du sahst toll aus!

Es war auch die Zeit, als die Theorien, die zur Studentenrevolte von 1968 führten, in den Köpfen der späteren Revolutionäre Gestalt annahmen. Ich hörte (wenn ich mal an der Uni auftauchte) Adorno, Horkheimer und Carlo Schmit, ging abends mal zur Barrelhouse-Probe, mal zum SDS-Politabend oder in den »Club Voltaire«, wo die Stars der linken Frankfurter Szene hofhielten und ich mein Bier trank. Hallo, Peter Milger!

Auch demonstriert haben wir damals, 1962/63 schon – die meisten allerdings bürgerbrav mit Krawatte und Jackett. Besonders beliebt waren Sitzstreiks vor der Hauptwache. Bei einem dieser »Sit-ins« (wie das später hieß) hockte ich neben dem streitbaren Kabarettisten Rudolf Rolfs, Chef der »Schmiere«, des »schlechtesten Theaters der Welt«. Rolfs hatte sich gegen die beißende Kälte eine »FAZ« unter den Hintern gelegt, während wir standesgemäß auf der »Frankfurter Rundschau« bibberten. »Daß ausgerechnet Sie auf der ›FAZ‹ sitzen…«, wunderte ich mich. Rolfs, schlagfertig: »Komisch, nicht? Wo diese Zeitung doch sonst nur zum Einwickeln gebraucht wird!« Ach ja: Man siezte sich in diesen Zeiten auch in linken Kreisen, das spontane Du war bestenfalls im SDS und natürlich unter Jazzern üblich.

Die Kehrseite der Medaille: Wir armen Studenten waren stets klamm, im Portemonnaie gähnte die Leere – vor allem bei mir, der ich schon damals nicht mit Geld umgehen konnte. Ich war zwar als Pump-Genie bekannt, aber das konnte natürlich keine Dauerlösung sein… Problematisch wurde es vor allem, wenn ich die BHJB nicht nur bei den Proben, sondern auch mal »in concert« erleben wollte. Im Band-Bus kam ich immer unter, auch wenn's in abgelegene Dörfer der Republik wie Dortmund ging. Wie aber den horrenden Konzert-Eintrittspreis von, sagen wir, zehn Mark bezahlen? Gar nicht. Schnell zwei Saxophone schnappen oder – das macht einen noch arbeitswilligeren Eindruck – eine sauschwere Box der Anlage buckeln und ab hinter die Bühne. Ich habe Dutzende von Barrelhouse-Konzerten links oder rechts neben der Bühne im Hintergrund stehend genossen; jahrelang schien mir je nach Stand-Punkt entweder das Klavier oder das Schlagzeug zu laut …

Zwischen Mitte und Ende der 60er Jahre fand die BHJB ihren unverwechselbaren Stil. Ich verließ die Uni, suchte das Weite und fand meinen Beruf, nachdem ich die Kröte des Zivildienstes geschluckt und zwischendurch auch mal Auto-Ersatzteile verkauft hatte. Die beiden einzigen Barrelhouse-Platten, die es damals gab, begleiteten mich nach Bonn und ins Allgäu; meine Freundin (und spätere Frau) und ich hoppelten schon mal im nagelneu-uralten DKW 3=6 von Kempten nach Frankfurt, wenn ein BHJB-Konzert lockte. Die wichtigeren Ereignisse dieser Zeit: Es wurde geheiratet (wenn auch meist nicht for a lifetime), Kinder kamen. Reimers Tochter Lil ist 30 – exakt so alt wie Reimers und meine Freundschaft und meine Fanschaft zur Barrelhouse.

Als ich 1969 nach Frankfurt zurückkehrte, hatte ich Highlights der Band-Geschichte versäumt, wie das Konzert mit Mezz Mezzrow. (Der »Dippermouth Blues« mit dem fast schon atemlosen, immer noch hörenswerten Klarinetten-Duo Mezz/Reimer ist auf dem Jubiläums-Doppelalbum »25 Jahre Barrelhouse Jazzband Frankfurt« zu hören.) Die Jubiläums-Manie hatte die Barrelhäuser schon fünf Jahre zuvor gepackt, als die Band 20 wurde: »Twenty Years« ist, wenn ich mich richtig erinnere, eine der ersten Eigenkompositionen der BHJB. Die allererste war, glaube ich, der »Wooding Stomp«, den Reimer komponierte, als der legendäre Bandleader Sam Wooding in Frankfurt (und mit der Barrelhouse) jammte; auf der 25-Jahre-Platte ist der »Wooding Stomp« eins meiner Lieblingsstücke, und Werner Knodel spielt es phänomenal gut.

Zwischen 1969 und 1972 haben meine Frau und ich kaum ein Barrelhouse-Konzert versäumt, und es wurde wie verrückt gegenseitig babygesittet, denn inzwischen hatten wir alle »Goofen« – wie's auf gut züritüütsch heißt – am Hals. Es war die Zeit, als sich der »harte Kern« der BHJB-Fangemeinde formte, der zu einem erklecklichen Teil heute noch besteht und den ich heiß und innig liebe. Als die Band auf Afrika-Tournee ging, gelang es mir sogar, einen Bericht darüber in einigen Zeitungen zu plazieren. Und das nicht nur in Frankfurt, denn mein damaliger Arbeitgeber UPI deckte ganz Altelfland ab – »Neufünfland« gab's damals noch nicht.

Und die Konzerte im Frankfurter Volksbildungsheim! Während im selben Haus die Vorgänger von Rainer Werner Fassbinder im »TAT« ihr revolutionäres Theater probten, lauschten wir im großen Saal der schmuseweichen Baß-Stimme von Elmar Gunsch, der in lockerem Plauderton Barrelhouse-Stücke ansagte. Damals war Gunschs Begabung als Wetterfrosch (den er später für das ZDF machte) noch unentdeckt.

Die Ansager-Ära Gunsch ging bald zu Ende, es folgte die Ansager-Ära von Essen. Lähmendes Entsetzen legte sich über den wissenden Teil des Auditoriums, wenn Reimer das Wort ergriff und es nicht mehr losließ, um »Jazz Lips« oder »Skokiaan« anzusagen. Die einen klappten narkoleptisch zusammen, die anderen gingen schnell ein Bier trinken; Reimer redete immer noch, wenn sie nach dem zweiten zurückkamen, und immer noch über »Jazz Lips« oder »Skokiaan«. Ich gebe ja zu, daß er sich gebessert hat: Ansagen, die länger als zehn Minuten dauern, habe ich in den letzten Jahren kaum mehr registriert ... Damals aber war Reimer besser als eine ganze Flasche Baldriantropfen.

Mein Zehn-Jahre-Barrelhouse-Fanjubiläum feierte ich Anfang 1973 – mit der Umschulung von Frankforterisch auf züritüütsch. »Zieh Pudel, Dappes, de Maa brennt«, sagte ich mir. Und fand mich an der Limmat wieder. Den gebürtigen Berliner, im Kofferpacken geübt, hatte es ins benachbarte Ausland verschlagen. Mittlerweile aber konnte ich mir sowohl die Eintrittskarten zu BHJB-Konzerten als auch die Bahn-Billette nach Frankfurt leisten. Ich war – und bin – immer noch ein Barrelhouse-Fan, tauchte – und tauche – wie ein Schemen aus der Vorzeit immer mal wieder an einem Konzert auf, wurde mit den Barrelhäusern grau.

Ihre Musik hat sich in all den Jahren geändert; grau und langweilig wurde sie jedoch nie. Sie wurde immer professioneller, immer perfekter, aber Spielfreude und Drive haben die 30 Jahre problemlos überstanden, das zwanghafte Füßewippen überfällt mich auch nach drei Jahrzehnten noch.

Allen Freunden "unserer" Musik ein herzliches "KEEP SWINGING"
IMMER FÜR SIE DA!
AL
LOULAKIS
GETRÄNKE
Alexander Loulakis · Getränkevertrieb KG
Schwedlerstraße 1-5 · 6000 Frankfurt/M
Telefon 0 69 / 4 05 83 - 0 · Telefax 0 69 / 4 05 83 - 38
LOOSDESIGN

Das allein kann's aber nicht sein. Ich bin kein Musiker, darum frage ich mich, ob ich vielleicht mit der Barrelhouse-Musik nur eine heile Welt suche, die längst vergangen ist. Ich lebe indessen in der Gegenwart und in der Zukunft, nicht in der Vergangenheit, die habe ich nur für diesen Bericht hervorgekramt. Also muß die Musik der Barrelhäuser gegenwärtig und zukünftig sein.

Ich verstehe die ganze Diskussion um diese Musik nicht: Sie ist da, sie hat ihr Publikum – auf der ganzen Welt! –, und auch meine 22jährige Tochter gerät in ekstatisches Füßewippen, wenn sie Barrelhouse-Musik auf der CD oder gar live hört. Ein größeres Kompliment kann man einer Musikrichtung gar nicht machen, finde ich. Den Streit über musikalische Inhalte überlasse ich den Puristen. Das Publikum entscheidet – und wir sind das Publikum, wenn auch vielleicht nicht das ganze Volk.

Längst muß ich nicht unbedingt nach Frankfurt fahren, wenn ich die BHJB hören will: Auch die Schweizer wissen inzwischen, was guter Hot Jazz ist, Barrelhouse-Konzerte in der Schweiz sind keine absoluten Ausnahmen mehr wie Ende der 70er Jahre, als die BHJB mit der unvergleichlichen Carrie Smith im Zürcher »Limmatquai 82« gastierte. Das einstige Jazzlokal, in dem von Sammy Rimington bis Gene Conners alle Musiker gespielt haben, die ich gern höre, ist heute ein Tecno-Beat-Schuppen für Yuppies, die allerdings sogar im Gnomen-Zürich langsam aussterben.

Dafür gibt's zum Beispiel den Kornhauskeller in Bern, dessen massive Gewölbe bei der Jazz-Matinee mit der Barrelhouse von stürmischem Beifall widerhallen. Und manchmal ist die BHJB sogar an meinen Wohnort Meilen zu hören – Heimspiele, sozusagen. Im Kornhauskeller übrigens muß ich mich beim Mittagessen nach dem Auftritt der Band immer an einen anderen Tisch setzen, wenn Reimer an seinem obligatorischen Tête de veau herumschnippelt. Würg!

Meine Wohnungen in und um Zürich (fünf waren's in den letzten 20 Jahren) dienten immer wieder als Zwischenlager, wenn eine Band aus der Frankfurter Szene in der Schweiz auftrat. Lindy und ihre Guys habe ich schon in corpore beherbergt. Das netteste Kompliment kam von Art Hodes, der ja auch irgendwie zur Barrelhouse gehörte, wenn er mit Reimer (und Trevor natürlich) auf Tournee war. Als er samt Ehefrau in meinem äußerst geräumigen Bett genächtigt hatte, fragte er beim Frühstück: »Ebi, ist dein Hotel eigentlich das ganze Jahr offen?«

Während ich diese Erinnerungsfetzen aus meinem Gedächtnis pule, sitze ich auf der Terrasse des Hotels »Alpenblick« in Braunwald, 1300 Meter über Meer im Kanton Glarus, mit Blick auf eines der schönsten Alpen-Panoramen. Es ist mitten im Winter, aber die Sonne strahlt und wärmt, längst habe ich das Jackett ausgezogen. Ich schaue in die Sonne, kneife die Augen zusammen und denke darüber nach, was die Barrelhouse Jazzband für mich als Fan bedeutet.

Natürlich zählen Reimer, Frank und Herbert (der nicht mehr bei der BHJB ist) zu meinen allerbesten Freunden, zu denen ich den Kontakt auch dann nicht verloren hätte, wenn es keine Barrelhouse gäbe. Aber die Musik, die ich seit 30 Jahren liebe, ist wie das i-Tüpfelchen auf diesen Freundschaften – und all meinen vielen anderen Freund- und Bekanntschaften im »Dunstkreis« des Hot Jazz.

Ich freu' mich schon auf den Artikel, den ich zum 50-Jahre-Jubiläum der BHJB schreiben werde. 2003, Reimer, Frank und Morsch, dürft auch ihr im Sitzen spielen wie einst die New-Orleans-Dinosaurier. Denn dann seid ihr selber welche.

»I'LL FAX YOU ONE« – MUSIKERFREUNDE ZUM JUBILÄUM

FORTY AND TIGHT

von Abbi Hübner

Abbi Hübner ist seit Jahrzehnten Norddeutschlands prominentester Jazzmusiker: Trompeter, Bandleader, und Buchautor. Dieser Beitrag stammt aus seiner Sendereihe »Hot Jazz« im Nachtclub des NDR 4 zum 40jährigen Jubiläum der Frankfurter »Barrelhouse Jazzband«.

Als Johst »Addi« Münster, der Posaunist der »Old Merry Tale Jazzband«, die »Jailhouse Jazzmen« und mich 1958 im »Mumme Keller« aufsuchte und berichtete, er habe auf dem »Deutschen Jazzfestival« in Düsseldorf eine Kapelle aus Frankfurt/Main mit Namen »Barrelhouse Jazzband« gehört, die, genau wie wir, rigoros und kompromißlos im Stile von »King Oliver's Creole Jazzband« musiziere, war dies bereits der »Beginn einer wunderbaren Freundschaft«, die wenig später durch die Vermittlung eines jungen, schlanken, schwarzgelockten Frankfurter Klarinettisten namens Reimer von Essen, damals noch Mitglied der »Smokehouse Jazzband« aus Offenbach, konkrete Formen annahm und – von einer von beiden Seiten sicherlich ungewollten, vorübergehenden Entfremdung in den siebziger Jahren abgesehen – bis auf den heutigen Tag anhält. Unzählige gemeinsame Auftritte während der sechziger Jahre – oft erst nach langen, abenteuerlichen Fahrten in noch abenteuerlicheren, hinfälligen Kraftfahrzeugen – fanden (allerdings unter wesentlich angenehmeren Reisebedingungen) ihre Fortsetzung in den achtziger und neunziger Jahren, genau so wie die ausgedehnten Diskussionen zu nächtlicher Stunde, immer noch mit gleicher Intensität um das gleiche zentrale Thema kreisend: unsere Musik. Vorstellungen und Träume unserer Jugend haben auch im Alter nichts an Leuchtkraft und Faszination eingebüßt. Die puritanische Enge jugendlicher Betrachtungsweise ist allerdings durch Weisheit und Erfahrung großzügigerer Auffassung gewichen, und die Qualität der anläßlich dieser Gespräche gereichten Speisen und Getränke hat sich zwischenzeitlich wesentlich gesteigert. Vierzig Jahre »Barrelhouse Jazzband«, das sind nicht nur vierzig Jahre deutsche, ja europäische Jazzgeschichte mit immer neuen Inszenierungen auf Podien und Bühnen in aller Welt, Konzerten mit vielen großen Interpreten dieser Musik auf zahllosen Festivals und Dutzenden von beispielhaften Schallplatteneinspielungen – Bemühungen, die durch die Verleihung der Ehrenbürgerschaft von New Orleans und eines deutschen Schallplattenpreises bisher nicht ausreichend honoriert worden sind –, sondern das sind auch: vierzig Jahre harte Arbeit, nie erlahmender Einsatz und bedingungslose Hingabe. Vierzig Jahre lang hat die »Barrelhouse Jazzband« in den unterschiedlichsten Besetzungen das Feuer gehütet, den Gral bewacht und ist mit unverbrüchlicher Treue glaubhaft für eine Musik eingestanden, die Reimer von Essen treffend unter dem Begriff »Hot Jazz« subsummiert, eine Bezeichnung, die mir so gut gefallen hat, daß ich meine Sendereihe im Nachtclub des NDR 4 seit Jahren unter dieser Überschrift laufen lasse.

»Es gibt Melodien und Lieder, / die gewisse Dinge betreun, / die schlagen Dein Inneres nieder, / und Du bist am Boden bis Neun« (Gottfried Benn, »Destille« 1953). Lassen Sie es mich umgekehrt formulieren: Es gibt Empfindungen und Gefühle, Stimmungen und Befindlichkeiten, innere Lagen und Einstellungen, die nur im »Hot Jazz« ihre künstlerische Entsprechung finden, die nur »hotjazzmäßig« zum Ausdruck gebracht, aufbereitet werden können. Auch heute. Oder: gerade heute. Und es gelingt der »Barrelhouse Jazzband«, dieses überzeugend darzustellen. Die Zuhörer immer wieder auf sich einzuschwören, ihnen den Eindruck von Aufrichtigkeit und Wahrhaftigkeit durch die Musik zu vermitteln, das »tua res agitur« (deine Sache wird verhandelt) über die Rampe zu bringen, die Menschen einzubeziehen, ihre Aufmerksamkeit zu fesseln. Das Publikum begreift, daß der »Hot Jazz« der »Barrelhouse Jazzband« kein tönender Vorwand, keine klingelnde Masche, sondern ehrliches Bedürfnis, innere Notwendigkeit ist, daß sie etwas mitzuteilen, etwas auszusagen hat, auf eine ganz eigene, unverwechselbare Art. Denn eines kann nicht bestritten werden: trotz Goethes »Weh Dir, daß Du ein Enkel bist!« (»Faust«) und Ben Akibas »Es ist alles schon einmal dagewesen« – Aussagen, die jedem Jazzmusiker das Leben schwer machen – ist es der »Barrelhouse Jazzband« gelungen, innerhalb der Spielregeln und Grenzen des klassischen Jazz einen eigenen Stil zu finden, einen eigenen Sound zu entwickeln, der sie schon nach wenigen Takten erkennbar macht und aus der anonymen Schar der europäischen Jazzkapellen heraustreten läßt. Gab es bis dahin zwei Möglichkeiten, »Hot Jazz« zu spielen, nämlich in Form eines Kollektivspiels klassischen Zuschnitts mit den drei korrespondierenden Stimmen von Trompete, Posaune und Klarinette oder in Form einer arrangierten, parallelen Mehrstimmigkeit, die ein Orchester mit verschiedenen Bläserfraktionen voraussetzt, wählten die Frankfurter eine dritte: nämlich eine Kombination von beiden mit kleiner Besetzung, wobei das Schwergewicht auf den mehrstimmig gesetzten Passagen lag. Dieses Vorgehen erforderte – wollte man nicht bei den Schusterterzen englischer Revivalbands im Stile Chris Barbers enden – einen begabten und mit vielen musikalischen Wassern gewaschenen Regisseur. Der fand sich 1962 in der Person Reimer von Essens. Gestartet als vielversprechender Dodds-Interpret, alsbald avanciert zum Meister klassischen Kollektivspiels, der er auch heute noch ist, wurde neben der Klarinette die Band sein zweites Instrument, mit dessen Hilfe er seine musikalischen Ideen realisierte. Ihm verdankt die »Barrelhouse Jazzband« Kontur und Profil. Gezwungen, aus der Not eine Tugend zu machen, da das freie Kollektivspiel nicht gerade eine Stärke seiner neuen Band war, zauberte er mittels geschickter Arrangements den unverwechselbaren Klang aus dem Hut, der die Band auszeichnet. Erste Versuche auf den Spuren Tiny Parhams, King Olivers und Benny Motens führten rasch zu neuen Erkenntnissen und Wegen. Die »Barrelhouse Jazzband« wurde mit einer Frontlinie aus drei Mann und einer Vier-Mann-Rhythmusgruppe die kleinste Big Band der Jazzszene. Es ist allein Reimer von Essen zu verdanken, daß sich die Band auf den neuen Wegen, die sie eingeschlagen hatte, nicht verlief oder in die Irre geriet, sondern zu sich selbst und ein Konzept fand, mit dem sie auch heute – nach dreißig Jahren – noch leben kann und für immer neue Überraschungen gut ist. Um so mehr, als inzwischen Musiker zum Personal gehören, die – selbst ausgebuffte Jazzer – als mitgestaltende Partner das künstlerische Gesamtkonzept wesentlich beeinflussen. So hört man neben herausragenden Soli von echtem Schrot und Korn ausgetüftelte Klangmalereien, bei denen von Essen immer überzeugend eng beieinander liegende Stimmen findet, die er den Instrumenten wohltuend zuzuordnen vermag, spritzige Formulierungen in ausgewogener Satzarbeit und korrespondierenden Wechselgesang, bei dem sich zumeist zwei gesetzte Stimmen mit einer frei schwebenden in das klassische Frage- und Antwortspiel einlassen und so locker miteinander umgehen, daß der Zuhörer sich der akustischen Illusion kaum zu entziehen vermag, dieses alles wäre aus dem Augenblick heraus improvisiert worden und nicht das Resultat vorausschauender Planung. Es wird sowohl die

Musik Jelly Roll Mortons, als auch die »King« Olivers erfolgreich liebevoller Bearbeitung unterzogen und auf »Barrelhouse Art« neu aufgemischt. Die Resultate sprechen für sich: Obwohl die Bilder der alten Meister überall wohltuend durchschimmern, entsteht etwas vollkommen Neues. Es überrascht der Formenreichtum, die Vielzahl und die Vielfalt musikalischer Einfälle, immer ist für Abwechslung gesorgt, nie wird es langweilig. Aber bei aller Eigenwilligkeit und Selbständigkeit der Gestaltung bleibt die Band bodenständig. New Orleans ist immer die Basis, der Ausgangspunkt aller Unternehmungen. Auch die zahllosen Lehrkonzerte und Projekte, mit denen die »Barrelhouse Jazzband« in Sachen Jazz durch die Lande zieht und damit mehr für uns alle tut, als wir jemals zugeben werden, verraten immer und überall Organisationstalent, Form- und Gestaltungsbedürfnis des Frankfurter Bandchefs, der auch in kleinen Dingen unnachgiebig Präzision verlangt und nichts dem Zufall überlassen mag. Wenn dann alles auf der Bühne wie aus dem Stegreif gespielt aussieht, wie aus dem Ärmel geschüttelt, spricht das für die Professionalität aller Beteiligten, die keine Befehlsempfänger, sondern Partner sind, aber der Kundige weiß, daß unglaubliche Arbeit in den Vorführungen steckt und nur mühevolle Vorbereitungen den Eindruck von Leichtigkeit ermöglichen. Ich wünsche den Musikern der »Barrelhouse Jazzband«, meinen alten Freunden aus Frankfurt, weiterhin den Erfolg, den sie sich verdient haben und freue mich auf zukünftige Zusammenarbeit.

Swing that Music!

DIE BARRELHOUSE JAZZBAND

von Trevor Richards

Trevor Richards, weltbekannter englischer Schlagzeuger, lebt in New Orleans, ist in der Jazzforschung aktiv und einer der besten Kenner der traditionellen Jazzszene.

Die Barrelhouse Jazzband wird vierzig Jahre alt. Es ist aber doch erst ein paar Jahre her, daß sie fünfundzwanzig wurde! Ich fing an, lange und mühsam zu rechnen. Die Ergebnisse blieben aber gnadenlos dieselben. Erstens: Ich kenne diese Band nun seit genau dreißig Jahren, also drei Viertel der Zeit ihres Daseins. Zweitens: Das sind (erschreckenderweise) fast zwei Drittel meines eigenen Lebens. Und drittens: Das Rechnen dauert viel länger als früher.

1963 hörte ich die Barrelhouse Jazzband auf einem Konzert im Frankfurter Palmengarten und spürte sofort den Unterschied zu den norddeutschen Bands, die ich bis dahin gehört hatte. Der Rhythmus war viel lockerer, wie auch die Atmosphäre. Die leichtere Einstellung zur Musik und zum Leben gefiel mir. Ich schloß damals viele neue Freundschaften, die zum großen Teil heute noch florieren – angefangen mit der Barrelhouse Jazzband. Im Sommer 1965 unterbrach ich mein Universitätsstudium, siedelte nach Frankfurt um und erprobte dort mit der heute längst aufgelösten »Blues And Stomps Company« und meinem eigenen Trio die Verwirklichung meines Traumes, als Berufsmusiker zu leben. Da hörte ich die Barrelhouse Jazzband zum erstenmal ohne den Posaunisten Willi Fräsdorf in ihrer seitdem festen Besetzung mit Kornett (später Trompete) und zwei Holzblasinstrumenten. Schon damals waren die Bandarrangements von Reimer. Tatsächlich hat sein Geschick, dieses Septett eher wie eine Big Band klingen zu lassen, den leicht erkennbaren Klang der Barrelhouse Jazzband bis heute definiert. Ein weiteres, nicht so offensichtliches Merkmal seiner Kunst besteht darin, daß er nach dem Beispiel Duke Ellingtons unter Berücksichtigung der persönlichen Stärken und Schwächen der einzelnen Bandmitglieder maßgeschneiderte Arrangements erarbeitet. Die Musiker selbst haben natürlich entscheidend dazu beigetragen, der Band auch bei diesen stark arrangierten Stücken einen sehr eigenen Charakter zu verleihen. »Duclo« hat seinerzeit den Bandsound genauso geprägt wie jetzt der »Morsch«. Es ist mir auch klar, daß dieser Wechsel und der fast gleichzeitige Übergang vom Sousaphon zum Kontrabaß den wohl bedeutendsten Entwicklungsschritt in der Bandgeschichte darstellt, und somit die Barrelhouse Jazzband befähigt hat, amerikanische Gastmusiker stilgerecht zu begleiten. Dies tut sie mit zunehmender Häufigkeit seit der Einladung zum ersten Jazzfestival in Nizza 1974. Ich weiß aus eigener Erfahrung, wie wichtig es für die musikalische Entwicklung eines einzelnen Musikers oder einer gesamten Band in Europa ist, Erfahrungen im Zusammenspiel mit den alten Profis aus den USA zu sammeln und zu verinnerlichen.

Zu den Arrangements gehören auch Proben, und daran hat es bei der Barrelhouse Jazzband nie gefehlt. Soviel ich weiß, wird schon immer jeden Dienstag zusammen geprobt. Auf jeden Fall kann man theoretisch eine Gesamtprobezeit von etwa viertausend Stunden berechnen! Kein Wunder, daß sie ihre Arrangements so perfekt spielen! Man muß sich klarmachen, daß eine solche Routine viel Disziplin erfordert, dafür aber eine Zusammengehörigkeit in die Gruppe bringt, die für den Dauererfolg ganz wesentlich ist.

Ich finde es interessant, die stilistische Entwicklung der Barrelhouse Jazzband aus meiner Sicht als unermüdlicher Analytiker zu verfolgen, auch wenn ich damit unschuldige Leser belästige. Die erste Besetzung der Barrelhouse Jazzband ließ sich wohl ausschließlich von klassischen Jazzaufnahmen der zwanziger Jahre inspirieren: für Anfänger und damals noch Teenager völlig verständlich. Die neue Besetzung ab 1962 hat jedoch gleich angefangen, nicht nur bei Schallplatten, sondern auch bei noch lebenden Pionieren dieser Musik in die Lehre zu gehen. 1963 trat die Barrelhouse Jazzband mit Sam Wooding, dem legendären Bandleader, auf. Er war es, der 1924 als erster den schwarzen Jazz aus New York nach Deutschland brachte, mit Tommy Ladnier, Herb Fleming und später Doc Cheaatham. Er mag zwar kein virtuoser Pianist gewesen sein, aber er vermittelte den jungen Mitspielern viel mehr in bezug auf Rhythmik und Harmonie, als Schallplatten es jemals könnten. Dann kam drei Jahre danach der Klarinettist »Mezz Mezzrow«, über den es bekanntlich geteilte Meinungen gibt. Das ist ein Thema, bei dem Reimer und ich nicht übereinstimmen. Mir gefällt immer wieder die Zeile aus einem alten Plattentext: »Viele sagen, er konnte nicht spielen, aber keiner kann behaupten, er hätte es nicht getan«. Reimer kann nicht so recht darüber lachen. Auf jeden Fall hat Mezz der Barrelhouse Jazzband in der kurzen Zeit vieles, unter anderem über Tempo und Kollektivspiel, beibringen können.

Das nächste wichtige Erlebnis kam im Sommer 1968 durch die USA-Tournee zustande. Höhepunkt war ein langes Wochenende in New Orleans. Ich lebte damals auch schon dort und freute mich auf das Wiedersehen. Für die meisten in der Band war New Orleans die Erfüllung eines Traums. Als ausländischer Kulturvertreter hatte die Barrelhouse Jazzband zwar viele diplomatische Verpflichtungen, aber zwischendurch liefen sie im French Quarter herum wie Kinder zu Weihnachten. Und warum nicht! Louis Armstrong und seine All Stars waren ebenfalls auf dem Programm, und überall waren Musiker zu hören, von denen man heutzutage nur träumen kann: George Lewis, Punch Miller, John Handy, Paul Barbarin... und in New York haben sie den alten Zutty Singleton noch erlebt. Bei der Abreise konnte die Barrelhouse Jazzband ewig bleibende Eindrücke mitnehmen, rhythmische Eindrücke, die sich in der musikalischen Auffassung der Band permanent festgesetzt haben. Vor allem wollte man ein New Orleans-»Rhythmusgefühl« in die Band einbauen, ohne die Form der Bandmusik zu ändern. Dies ist auch gelungen. Nimmt man allerdings Bunk Johnsons Tempogesetz für den New Orleans Jazz (dem Jazzhistoriker Bill Russell im verhältnismäßig ruhigen, gelassenen Zeitalter der vierziger Jahre anvertraut) ernst, daß nämlich kein Stück schneller gespielt werden sollte, als man gemütlich zu Fuß gehen kann, so stellt man sich die Barrelhouse Jazzband – und mehr noch viele andere europäische Bands – als eine Mannschaft hochtrainierter Sprinter und Athleten vor: ein Eindruck, der bei näherer Betrachtung der Musiker schnell wieder verschwindet.

In dem folgenden Jahr ist der Barrelhouse Schlagzeuger Schorsch Klauer wieder eingestiegen. In Nizza entdeckte er den Stardrummer Freddie Kohlman aus New Orleans, wonach er über Jahre täglich in seinen Keller verschwand, um zu üben. Das kann ich mitfühlen!

Die Liste der Gastmusiker wird seit Nizza immer länger, und der Ruhm der Barrelhouse Jazzband immer größer. Sie haben so unterschiedliche Projekte in Angriff genommen, wie die Musik Buddy Boldens und den Free Jazz. Als Nebenwirkung hat dies eine Brücke gebaut, für die Verständigung zwischen herkömmlich verfeindeten Musiklagern. Das war auch ganz im Sinne der Barrelhouse Jazzband. Als Fürsprecher der Band versteht sich Reimer als Botschafter in Sachen »prämoderner Jazz«, wie heute absurderweise gesagt wird, und tritt nicht nur beim Publikum, sondern auch bei den Kulturbehörden für die Gleichberechtigung mit moderneren Zweigen des Jazz ein. Die Barrelhouse Jazzband wird auch engagiert, um die Stadt Frankfurt oder die Bundesrepublik zu vertreten, wie ihre Tourneen durch (fast) die ganze Welt beweisen. (Es fehlt noch ein Auftritt in der Antarktis, was aber Thema heißer Verhandlungen sein soll.)

Die Barrelhouse Jazzband ist nicht nur die älteste Jazzband der Bundesrepublik, wofür sie eigentlich nichts kann, sondern auch die bekannteste; und dazu die geistvollste und die mit der höchsten Integrität. Zehn Jahre lang, 1973–83 haben mein Trio und die Barrelhouse Jazzband immer wieder auf den gleichen Konzerten und Jazzfestivals gespielt. Während dieser gemeinsamen Jahre auf Tournee in Deutschland haben wir festgestellt, daß wir dieselben Ziele verfolgen, nämlich die von uns gepflegte Kunstform – die klassische Musik der USA – ernstzunehmen, sie kreativ wiederzugeben und sie überzeugend, herzlich und vor allem informativ darzustellen. Zehn Jahre nach meiner Rückkehr nach New Orleans ist die Barrelhouse Jazzband auf der deutschen Jazzszene noch immer erfolgreich. Produkt einer organischen Entwicklung, eines gründlich überlegten Gesamtkonzepts: Kontinuität und Wandel. Sie wird von den Fachleuten anerkannt, wenn auch wie wir »prämodernen« Musiker alle von der Presse ignoriert. Teilweise beobachten sie schon stolz die Musikkarrieren ihrer Sprößlinge, und bereiten sich dabei auf das nächste Jahrtausend vor. Vielleicht begegnen wir im späten einundzwanzigsten Jahrhundert einer Barrelhouse Jazzband, die bereits zu einer Art Dynastie geworden ist. Ich beabsichtige, sie auf jeden Fall für die Feier meines hundertsten Geburtstages zu engagieren. Der Termin steht schon fest, bloß die Gage nicht.

P.S.: Man kann mit den Musikern der Barrelhouse Jazzband über viele Themen sprechen: Foto- oder auch Diskographie, fremde Sprach- und Kochkünste, Politik .... Aber in jedem Text, den ich bis jetzt über die Barrelhouse Jazzband oder Reimer von Essen geschrieben habe, bin ich früher oder später auf das Thema Wein gekommen. Ich habe mir diesmal fest vorgenommen, mich zu bessern, indem ich Weingenuß, Weinkeller, Weinproben, Weinpreise, Weinlokale, Weinbaugebiete, Weingroßhandlungen, Weinflaschen, Weinqualitätsstufen, Weinjahre, Weinfässer, Weinfreunde und vor allem die Weinseligkeit auf keinen Fall erwähne. Das erlaube ich mir erst wieder im nächsten Text. Aber 1953 muß in Deutschland ein ausgezeichneter Jahrgang gewesen sein.

ANSTELLE EINER ALTMODISCHEN LIEBESERKLÄRUNG

Heinz Sauer,
Saxophonist und Komponist
aus Frankfurt,
ist einer der profiliertesten
europäischen Exponenten
des modernden Jazz.

09.02.93

Anstelle einer altmodischen Liebeserklärung:

Natürlich sind mir auf der Suche nach neuen Wegen im Jazz allmählich die weissen Hosen abgefallen, die Kapitänsmütze - so etwas ähnliches tragt Ihr doch gelegentlich Eurer Excursionen in die Jazzgeschichte? - ist mir hoch, sehr hoch gegangen sogar, und die Lackschuhe hat's dabei nicht nur mir schon lange ausgezogen.

Und doch habe ich mich bei unseren gemeinsamen Konzerten - hinter der Bühne, während Ihr Euren swingenden 24,5-Minuten-Auftritt (Ellington schon, aber eben auch sehr viel **BARRELHOUSE**) hattet - immer wieder gefragt, ob wir wirklich so weit voneinander entfernt sind, wie es unser Publikum, und leider nicht nur das, zuweilen meint?

Die **"BARRELHÄUSER"** spielen total verkleidet, habe ich für mich beschlossen, und in 40 Jahren werden Eure Anhänger auch uns in ihre Arme schliessen - wenn Ihr so weitermacht. Und das solltet Ihr tun.

Herzlichen Glückwunsch!

MY BEST TO YOU

Reimer,

»I'm remembering the many kindness shown me when I traveled with your band. What a treat! It gave me the opportunity to play with people I otherwise wouldn't play with. I appreciate the way you rehearse enough, so that you know what you're doing. I've always enjoyed your playing, and the quality of the players in your band is excellent. I believe The Barrelhouse Jazz-Band compares favorably with some of the local bands I've heard in the States. I continue to wish for your success.«

My best to you
and Trevor and
remember me to
Ralph - yours
Art Hodes

Art Hodes (1906–1993), Chicago, als Pianist und Bandleader einer der ganz Großen im Jazz, schrieb zeitlebens auch Artikel und Bücher. Dies war wahrscheinlich seine letzte schriftliche Äußerung.

BRAVO, BARRELHOUSE !!

Rod Mason,
in Düsseldorf lebender
Kornettist und Bandleader
aus England,
ist einer der bekanntesten
europäischen Jazzmusiker.

Within five seconds of the start of a record by Louis Armstrong, Sidney Bechet, or Duke Ellington's Orchestra, one can say »That's Louis«, »That's Sidney« or »The Duke«. The Barrelhouse Jazz Band is one of the very few European bands that has this instantly recognisable, individual quality. It is not just the fact that they have a slightly unusual instrumentation for a traditional-style band ... it is created by a cohesion of musicians who know each other well, have played together for a long time, and (most important) know the sound they wish to create.

I remember my first impression on hearing the Barrelhouse was the fact it is able to sound like a small »big-band«; especially on their recreations of Duke Ellington's music. It's not only the carefully voiced arrangements, but the (probably unconscious) matching of vibrato and volume which creates this effect.

The Barrelhouse boys all have formidable techniques on their instruments, but they have avoided the pitfall which so often occurs when this standard of musicianship is attained. That is the tendency to use instrumental dexterity so liberally as to interfere with the music's atmosphere. In speech one could explain thus: »A man with a large vocabulary and nothing to say is a boring disaster!«

The Barrelhouse certainly have plenty to say, and continue to make traditional jazz a living, vital music. I have certainly enjoyed my occasional collaborations with them. Audiences are not easily fooled; they know when a band is enjoying the music it plays ... and this enjoyment is always communicated to the listeners at every Barrelhouse Jazz band session.

BRAVO, Barrelhouse !!

Rod Mason

KEEP SWINGIN'!!!!!!

Billy Mitchell,
New York,
Saxophonist des Bebop (u.a. mit Gillespie) und Mainstream (u.a. mit Basie) ist im letzten Jahrzehnt meist als Bandleader aktiv gewesen.

Several years ago, while playing a concert in Frankfurt I met the wives of some members of the Barrelhouse Jazzband. The band was away on a gig that night, so they could not attend. However, the ladies informed me that very soon we would be playing with the barrelhousers on a jazz cruise in the Mediterranean Sea.

That was the beginning of what has become a long and rewarding list of wonderful musical, theatrical and cultural productions, in which they have so often and graciously invited me to participate.

Over the years we have become a family, which is a little more than friendship, it's an institution. Congratulations on your 40th anniversary. I'll see you there.

Keep swinging' !!!!!!

Billy Mitchell

40 JAHRE BARRELHOUSE JAZZBAND

Gustl Mayer, berühmter deutscher Tenorsaxophonist des Swing und Mainstream, ist auch Jazzautor und Musikredakteur beim Hessischen Fernsehen.

Es war 1953. Der einzige Ort, an dem Jazz live gespielt wurde, war der Jazzkeller in Frankfurt, der unter dem Namen »Domicile du Jazz« gerade eröffnet wurde. Hier traf sich die jazzbegeisterte Jugend, und unter ihnen angehende Jazzmusiker. Donnerstags, wenn die »Two Beat Stompers« New Orleans Jazz spielten, war unser Tag. Wenn man Glück hatte, wurden wir von Franz Eirich, dem Türsteher, in den völlig überfüllten Jazzkeller eingelassen. Hier lernte ich eines Abends einen Gleichaltrigen kennen, der mir erzählte, er sei Trompeter und habe eine Dixielandband gegründet. Einen Namen für die Band habe man noch nicht, aber er lud mich in einen Keller in der Leipziger Straße ein, zu einer Probe. Der Trompeter war Horst Dubuque, der viele Jahre später auch die »Red Hot Hottentots« gründete. Am besagten Probenabend hatte man bereits einen Namen für Band gefunden: »Barrelhouse Jazzband«. Nun gab es also zwei Nachwuchsbands, die »New Orleans Ramblers« mit Peter Trunk, Herby Hess, Harry Weber und mir, und die »Barrelhouse Jazzband« mit Horst Dubuque, Alfred Dechert und Schorsch Klauer. Als sich die »New Orleans Ramblers« nach gut zwei Jahren wieder auflösten, spielte die »Barrelhouse Jazzband« munter weiter, wie man ja heute weiß. Durch meinen Wechsel 1957 ins Profilager, verbunden mit längeren Auslandsaufenthalten, hatte ich die Barrelhouse Jazzband völlig aus den Augen verloren, und war davon ausgegangen, daß es sie nicht mehr gab. Um so erstaunter war ich, als ich in den 70er Jahren wieder von der Barrelhouse Jazz Band hörte. Ich dachte zunächst, es sei eine neue Formation mit gleichem Namen. Als ich sie dann live erlebte, kannte ich nur den Schlagzeuger, denn er war immer noch derselbe von damals: Schorsch Klauer. Erstaunt hat mich übrigens auch die musikalische Konzeption, denn von Dixieland war hier nichts mehr zu hören. Ich glaubte, eine auf ein Septett geschrumpfte Big Band zu hören, die munter im Stile des frühen Swing musizierte. Für Deutschland sicher einmalig, wie konsequent Reimer von Essen und Horst Schwarz ihre

Konzeption verfolgten. So sind nach meiner Sicht die Homogenität, die Arrangements und die Instrumentierung das Hauptmerkmal, durch das sich die Barrelhouse Jazzband von jeder anderen traditionellen Band wohltuend unterscheidet.

In den vergangenen Jahren habe ich des öfteren mit den Musikern der Barrelhouse Jazzband zusammengearbeitet. Ich glaube, wir sind inzwischen Freunde geworden. Aus dieser neuerlichen Nahsicht der Band sind mir zwei Dinge aufgefallen, die besonders erwähnenswert erscheinen.

Zum einen üben sie ihren Musikerberuf (Nebenberuf?) professionell aus, mit allem, was dazu gehört. Und was mir vielleicht noch wesentlicher erscheint, ist die Tatsache, daß sie alten, verdienten schwarzen Musikern ein Forum geben, um ihnen ihre Wertschätzung zu zeigen, die sie in den U.S.A. sicher nicht mehr erhalten, oder vielleicht sogar nie erhalten haben.

Gustl Mayer

DE TEMPS EN TEMPS ...

Irakli de Davrichewy, bekannter Trompeter und Bandleader aus Paris, ist auch Armstrong-Diskograph und -Forscher.

De temps en temps, j'ai la chance de revenir travailler en Allemagne et je suis heureux, lorsqu'à l'occasion de Festivals je rencontre tel ou tel musicien ou ami avec qui j'ai joué depuis 1962. Je garde de très nombreux souvenirs de nos pérégrinations, surtout un, il y a longtemps, lorsque nous poussions un mini-bus. J'ai, bien sûr, d'autres souvenirs avec tous ces musiciens, amateurs dont certains sont les professionnels du Barrel House Jazz Band.

Mais ce qui me touche le plus, c'est l'accueil chaleureux que tous m'ont réservé et même l'aide délicate qu'ils ont manifesté lors d'un problème personnel.

Lorsque l'on cite le nom "Barrel House Jazz Band", c'est autour de ce nom que se cristallise tous ces souvenirs. Des gens sympathiques ne peuvent jouer que de la musique merveilleuse.

Je ne peux citer chaque nom mais je tiens à dire mon affection à un des piliers de l'orchestre, Georg, à travers qui je salue tous ces fous de Jazz.

Longue vie au Barrel House Jazz Band, et, surtout, invitez moi lorsqu'il fêtera son demi-siècle.

Armstrongly yours. Irakli

... BARRELLHOUSE – FIND ICH GUT!

Überparteilich, unmaßgeblich, persönlich, ehrlich gemeint

Gerhard »Doggy« Hund ist Posaunist und Leiter der Kölner Maryland Jazzband, Schallplattenproduzent und Spezialist für alle New Orleans-Fragen.

Eine in Packpapier eingewickelte Trompete, versandfertig, auf einem Cover einer Platte, das war jahrelang für mich das, was ich mit dem Namen »Barrelhouse Jazzband« verband. Irgendwann in den Siebzigern hatte ich diese Platte gesehen, wohl auch mal gehört, und irgend jemand hatte mir was von »Deutschlands erfolgreichster Hot Jazz Band« erzählt. Na ja! Zu dieser Zeit entwickelte sich meine eigene, die »Maryland Jazzband« gerade vom undifferenzierten europäischen Oldtime-Jazz hin zu der Truppe, die sich mit viel Engagement um den Stil des »Schwarzen New Orleans Jazz« bemühte. Louis Nelson, Willie Humphrey oder Kid Thomas waren mir noch nicht persönlich bekannt, warum sollte ich da eine Band mit der »Geschmacksrichtung Hot Jazz« besonders beachten. Also nä!

Heute sehe ich das alles natürlich ganz anders! Inzwischen haben sich unsere beiden Bands kennengelernt, und die Zusammenarbeit geht auch schon in das zehnte Jahr. Ich freue mich wirklich, daß auch ich würdig befunden wurde, ein paar Gedanken zur wirklich erfolgreichsten deutschen Band äußern zu dürfen.

Im nachhinein ist es schon seltsam, sich vorzustellen, daß im Gründungsjahr unserer Band, 1959, in Frankfurt ein paar Jungen schon sechs Probenjahre, zig Auftritte und eine Menge Spaß hinter sich hatten. Zu dieser Zeit wurde bei uns im Westen die Sendung »Jazzinformation mit Dr.Jazz« durch den Mahagonny Stomp, gespielt von den Frankfurter »Two Beat Stompers«, eingeleitet. Noch nichts zu hören oder zu sehen von der »Barrelhouse«! Als wir ans »Plattenmachen« noch nicht einmal dachten, hatten sie jedoch schon etliche Scheiben auf dem Markt sowie einige Schallplattenpreise gewonnen. Nicht schlecht!

Inzwischen haben wir drei Kreuzfahrten zusammen erlebt, etliche Konzerte zusammen gegeben und auch sonst noch viele Gemeinsamkeiten entdeckt, die Freundschaft und Wertschätzung zwischen uns gefördert haben.

Ich persönlich schätze an der Barrelhouse Jazzband die Energie und den enormen Fleiß, mit dem die musikalische Arbeit betrieben wird. Absolute Professionalität wird im Umgang mit ihrer Musik sichtbar, und ich glaube, die in unserer Band übliche Großzügigkeit im Umgang mit Harmonien und Melodien muß für sie unvorstellbar sein. Was ich aber vor allen Dingen an unseren Kollegen der »Barrelhouse« toll finde, ist, daß ich noch nie die für deutsche Amateurjazzer typische Überheblichkeit gegenüber »Andersgläubigen« feststellen konnte.

Es ist durchaus nicht üblich, daß Musiker, besonders solche, die Erfolg haben, sich in anderen Stilrichtungen so auskennen wie zum Beispiel Reimer von Essen. Ich glaube, er hat mehr Ahnung über die Vielzahl der »New Orleans-Klarinettisten« als mancher Musiker, der sich nur mit dieser Abteilung befaßt. Ich vermute, daß der Wille und die Bereitschaft zur Zusammenarbeit mit anderen Bands, so wie auf den Kreuzfahrten geschehen, nur aus einem fundierten Fachwissen kommen kann.

Beim Überfliegen meiner bisherigen Ausführungen stelle ich fest, daß da ein für mich eigentlich nicht typischer, ernster Ton herrscht,- wohl durch den Jubiläumsanlaß hervorgerufen - und daß eigentlich nicht genug darüber gesagt worden ist, daß die Jungs der BHJB eine Ansammlung unheimlich dufter Kumpels sind. Es macht immer wieder Spaß, sich in rheinisch-hessische Dialoge (off-stage) zu verstricken, dabei die Wuppertaler Variante nicht außer acht zu lassen, gemeinsam über Banjospieler oder Schlagzeuger zu lästern, oder die Notverpflegung (Hartwurst und Rotwein) hinter dem Piano zu überprüfen. Spätestens dann freut man sich, daß man ein kleines Stück der Barrelhouse-Familie sein darf.

Mit den herzlichsten Wünschen zum 40sten Geburtstag der Band verbinde ich die Hoffnung, daß wir auch das 50jährige Jubiläum zusammen feiern können! I would like it!

Die Platte mit der eingepackten Trompete finde ich nicht mehr, aber macht nichts, es gibt ja jetzt CDs!

Gerhard »Doggy« Hund

BETRIFFT: BARRELHOUSE JAZZBAND FRANKFURT

von Wilhelm Liefland und Wolfgang Sandner

Dr. Wolfgang Sandner (siehe Seite 11); Wilhelm Liefland (1938–1980), Poet und virtuoser Free Jazz-Pianist, war Jazzkritiker der Frankfurter Rundschau.

Dies ist ein Gutachten für das Goethe-Institut von 1980.

Für die Barrelhouse Jazzband Frankfurt das Wort ergreifen heißt, sich für jemanden einsetzen, der aufgrund seiner kontinuierlichen künstlerischen Tätigkeit und kulturpolitischen Wirkung die verbale Unterstützung nicht nötig haben sollte. Daß man sie dennoch braucht, hängt mit einem immer noch verbreiteten pauschalen Vorurteil gegenüber der Art von Musik zusammen, der sich die Gruppe seit nunmehr 27 Jahren widmet. Gemeint ist der Oldtime-Jazz, der immer wieder einmal im Verruf steht, lokale Frühschoppen musikalisch abzurunden. Dies Urteil mag seine Berechtigung haben bei einem Großteil von Amateurgruppen, die mehr an äußerlich-kulinarischer Aufbereitung als an ernstzunehmender Kulturpflege interessiert sind.

Bei der Barrelhouse Jazzband ist ein solcher Verdacht unbegründet. Sie gehört zu jenen wenigen Gruppen, die – getragen von einem historischen Bewußtsein – die Musik aus der Entstehungszeit des Jazz zu konservieren helfen. Wenn schon die Anfänge dieser Musik im Trüben der Geschichte verborgen geblieben sind, so möchte man doch – wenn auch fast schon zu spät – wenigstens das erhalten, was in der Tradition des alten New Orleans steht und damit eine Rekonstruktion des authentischen Klangbildes gestattet. Man muß sich vor Augen halten, daß der Jazz eine »flüchtige Kunst« ist. Er existiert, solange er gespielt wird. Wer historisches Bewußtsein demonstrieren will, der muß die musikalische Vergangenheit zur ständig verlängerten Gegenwart machen. Die Barrelhouse Jazzband hat seit ihrer Gründung im Jahre 1953 bewiesen, wie sehr die Pflege des klassischen Jazz bei ihr musikalischen Fähigkeiten und historischem Verständnis entspringt und nicht einem lediglich modisch-nostalgischen Unterhaltungsbedürfnis.

Die Gruppe wurde Ehrenbürger der Stadt New Orleans 1968, erhielt 1977 den Deutschen Schallplattenpreis, wurde auf Jazzfestivals in Nizza (1974) und Den Haag (1978) ausgezeichnet und ist bereits in über vierzig Ländern zu hören gewesen. Ihr Leiter, Reimer von Essen, hat Beiträge für die »Jazzforschung«, das Organ des Instituts für Jazz in Graz, geschrieben sowie didaktisch-analytische Kommentare zu einer klingenden Jazzgeschichte für den Arno Volk Verlag in Köln verfaßt. Für die Frühgeschichte des Jazz gilt er in Deutschland als eminenter Sachkenner.

Wenn es nun darum geht, die Barrelhouse Jazzband als Kulturträger der Bundesrepublik auf Konzert-Tournee für die Goethe-Institute zu schicken, so sehen wir keinen prinzipiellen Unterschied zu Ensembles des modernen Jazz. Aus dem Stadium, Kultur aus zweiter Hand zu bieten, sind europäische Jazzbands von Rang längst herausgetreten. Zu ihnen zählt auch die Barrelhouse Jazzband.

Wenn Qualität im Verständnis der Goethe-Institute sich vor allem darin zeigt, daß etwas sich in der BRD bereits behauptet hat und internationales Interesse beanspruchen kann, so trifft dies - repräsentativ für den klassischen Jazz - auf die Barrelhouse Jazzband zu. Davon dürften die positiven Berichte zeugen, die gerade aufgrund von Reisen für das Goethe-Institut vorliegen. Die Ausstrahlung für die Bundesrepublik und auf internationaler Ebene ist durchaus nicht Behauptung, sondern Faktum. Das Frankfurter Hot-Jazz-Festival hat in der Barrelhouse Jazzband entscheidende Initiatoren. Dieses wiederum ist Vorbild für die gesamte Revival-Bewegung des Landes. Die Journalisten, die dieses Schreiben unterzeichnet haben, empfehlen die Barrelhouse Jazzband als ein Ensemble, das im Ausland für den hohen Standard der klassischen Jazzpflege in Deutschland bürgt.

(Wilhelm Liefland, Frankfurter Rundschau)

(Dr. Wolfgang Sandner, Frankfurter Allgemeine)

PRESSESPIEGELSPLITTER – von Fassadendrescherei bis Heizkörperwirkungsgrad

ausgewählt von Agi Huppertsberg

Die sieben Musiker verstanden es, durch ihre sauberen Interpretationen den Urjazz des New Orleans ohne jegliche Schnörkel und Fassadendrescherei zum Publikum rüberzubringen... Sie mischten gut ab, mal süß, mal knallig, mal sanft. *(Jazz Podium, 1971)*

Professionell und doch spontan... Die Barrelhouse Jazzband wird ihrer Musik einfach nicht überdrüssig, das hat sie mit ihrer Anhängerschaft gemeinsam.
(Rüsselsheimer Echo, 26.1.83)

Auch die Spontaneität fehlt den Arrangements keineswegs, was die Musiker mittels seltener Proben erreichen.
(Main-Spitze, 25.1.83)

Für Bordellmusik – man denke an die Ursprünge des Jazz in New Orleans – nahm sich das alles streckenweise viel zu glatt aus. *(Rüsselsheimer Echo, 1980)*

Bei der Rhythmusgruppe klapperte es ausgezeichnet.
(Frankfurter Neue Presse, 1959)

Sechs Mann müssen den siebten aus dem Feuer reißen.
(Schallplattenkritik, 1974)

Dann aber kam Hans-Georg Klauers Schlagzeug – ganz allein auf der Bühne zauberte er sogar kleine Melodien aus seinen Geräten. *(Weilburger Tageblatt, 25.10.74)*

»Barrelhouse Jazzband & Angi Domdey«: ... hat aus besonderem Interesse an dem sozialkritischen Text ein Arrangement geschaffen, das besonders seinen Inhalt unterstreicht. Die haben offenbar noch mehr begriffen – und können es auch mitteilen. *(Schallplattenkritik, 1974)*

Total verunglückt ist das Coverphoto, das von Rechtswegen in den Abfallkorb gehört hätte. *(Schallplattenkritik, 1974)*

... Glanzlichter Angi und Bläsersatz, der selbst die Schwächen von Achenbach und Klauer zuzudecken vermag.
(Dez. 1975)

... und vor allem Sweet Sue mit dem erstklassigen Drummer Hans-Georg Klauer (hier auch auf der Baßtrommel) sind Genüsse, wie man sie selten zu hören bekommt.
(Schallplattenkritik, Okt. 1975)

Hans-Georg-Klauer kan momenteel met mensen als Trevor Richards ... tot de beste Europese New Orleans-drummers worden gerekend.
(Magazine voor jazz en blues, Belgien, Okt. 76)

So ist die Barrelhouse Jazzband sicherlich noch immer die beste Hot-Jazz Band, obwohl manche Titel schon bedenklich an die Pop/Rock/Blues-Szene von heute heranreichen!
(Schallplattenkritik, 1975)

Ob der Eintritt von Horst Schwarz – tp anstelle von Horst Dubuque – co wirklich ein Plus bedeutet, wage ich zu bezweifeln. *(Schallplattenkritik, 1975)*

Dubuque is de betere Solist en Selten overtreft van Essen nog. *(Okt. 1976, Belgien, Swing time)*

Ihr posaunenloses Septett schöpft – wie es vor 40 Jahren Hodes, Mezzrow und Spanier taten – ausschließlich aus den Quellen des schwarzen Hot-jazz. Während sich ihre Rhythmusgruppe auf die archaische Praxis beruft, ist die Frontline bis in die Bereiche der beginnenden Swingära vorgestoßen.
(Luzerner Neueste Nachrichten, Jan. 1976)

Das begann mit dem wohlwollend – herablassend belächelten »King-Oliver-Sound ohne Nadelgeräusche« und das endet – einstweilen – mit dem Vorhaben, »traditionellen Jazz der 20er und 30er Jahre mit eigenen Ausdrucksmitteln auf neue Weise zu interpretieren.« Was dieser ... aufs trefflichste gelingt.
(Werner Wunderlich, Buchschlag, 1976)

Wohl kaum eine zweite deutsche (vielleicht europäische) Band traditioneller Spielweise hat ein derart hohes musikalisches Niveau aufzuweisen ... Auf dieser LP zeichnet sich übrigens der Stilwandel der Band zum Swing hin deutlich ab. *(Barrelhouse Jazzband + Angi Domdey, Travellin' Blues. Der Jazzfreund, Dez. 1976)*

Mit Vorschußlorbeeren bedachte renommierte deutsche Oldtime Vertreter. Leider spielten sie auch wie Vertreter – dünnblütiges Kollektiv (Tenor vertritt Posaune), teilweise nicht gedankenlos, mit netten Schlüssen angereichert ...
(Münchner Jazz-Zeitung, Jan. 1977)

„באַרלהאַוז דזשאַזבאַנד"
טרעט־אויף אין ישראל

דעם 4־טן אָקטאָבער קומט אָן קיין ישראל דער באַרימטער דזשאַז־אַנסאַמבל „באַרלהאַוז דזשאַזבאַנד" מיט דער באַקאַנ־

אַנדזשי דאַמדעי

טער בלוז־זינגערין אַנדזשי דאַמדיי. דעם זעלבן טאָג וועט דער דאָזיקער אַנסאַמבל שוין אויפטרעטן אין בית ציוני אמ־ריקה אין תל־אביב. דער דאָזי־קער אויפטריט וועט פאָרקומען אונטערן פּאַטראָנאַזש פון דעם מערב־דייטשן אַמבאַסאַדאָר אין ישראל.

די ווייטערדיקע אויפטריטן פון „באַרלהאַוז דזשאַזבאַנד וועט פאָרקומען יעדן טאָג — ביזן 10־טן אָקטאָבער ה. י. אין ירושלים, חיפה, עין־גב, איילת השחר און אין אַנדערע שטעט.

דער אַנסאַמבל וועלכער ווערט באַטראַכט ווי דער בעסטער אין אייראָפּע, ציילט זיבן מוזיקער, אָבער זיי באַנוצן זיך מיט זייע־רע מוזיק־אינסטרומענטן אויף אַזאַ פאַכמענישן אופן, אַז עס שאַפט זיך דער איינדרוק, ווי ס'וואָלט אויפגעטראָטן אַ גאַר גרויסער אָרקעסטער.

טראָץ דער ביטע פון דעם אימ־פּרעסאַריאָ, אַז דער אַנסאַמבל זאָל פאַרלענגערן דאָ זיינע אויפ־טריטן, איז אים דאָס נישט גע־לונגען, ווייל לויטן פּלאַן מוז „בערלהאַוז" אויפטרעטן אין אַ ריי הויפטשטעט אין אייראָפּע.

ווי געזאָגט, וועט דער אַנסאַמ־בל בלייבן גאָר ביזן 10־טן אָק־טאָבער.

»Bombaybarreldixie«.
(Frankfurter Rundschau, 2.4.77, Vorschau auf Barrelhouse Jazzband-Südostasien-Tournee)

... Nimmt man ein nuanciertes und oft sogar dezentes Schlagzeug hinzu, gut laufende Baßdurchgänge und ein nicht minder versiertes Spiel auf dem Gitarrenbanjo, war das oft nur mit Verblüffung erklärbare »Stillhalten« des Publikums begründet. *(Rhein Zeitung, Linz, 17.10.78)*

Engliegende Harmonien auf dem Flügel gaben die Fülle für weit auseinanderlaufende Akkordumkehrungen der Saxophone und der Trompete. *(Rhein Zeitung Linz, 17.10.78)*

Der Oldtimer-Jazz in Deutschland ist jedenfalls – wie das Beispiel Barrelhouse Jazzband zeigt – sehr lebendig, wenigstens anderswo ... *(Rosenheimer Nachrichten, 1978)*

»Rebecca« ... In Kreuzwertheim live aufgenommen, spielt man dieses Stück in Kamerun täglich vor den 12-Uhr-Nachrichten. *(Wertheimer Zeitung, 14.11.78)*

Leider wurde Bernd Otto am Banjo etwas in den Hintergrund gedrängt, so daß er seine technische Perfektion auf diesem Instrument nur sehr wenig vorführen konnte.
(Furtwangener Zeitung 1979)

Agi Huppertsberg am zum Jazz-Piano umfunktionierten Bösendorfer-Flügel ... hatte allerdings des öfteren Mühe, sich gegen den Banjospieler Bernd Otto durchzusetzen.
(Aalener Volkszeitung, 24.12.91)

... Reimer von Essens Dank an die Theaterleitung, daß sie ihren kostbaren Steinweg-Flügel nicht im Keller versteckt hatte, wenn eine Jazzband im Theater spielt. Doch Huppertsberg war »des Flügels würdig« und zauberte eine Klangfülle, die einfach begeisterte.
(Schweinfurter Volkszeitung, 10.10.80)

Die Band – vital und immer schön schwarz: Jeder ein Könner, zusammen ein unschlagbares Jazzmusiker-Team.
(Westfl. Zeitung, 05.09.80)

(Barrelhouse Jazzband plays Jelly Roll Morton, Plattenbesprechung) ... Neatly within this twelve inch package, we have a literal, pictorial, and aural salute to the jazz-titan. Jelly would have been pleased.
(The Second Line, Fall. '81, vol. xxIII N.O. L.A.)

Jelly Roll Morton has been very well served by the Barrelhouse Jazzband ...
(Record Review in: The Mississippi Rag, USA Dez. 1983)

(Barrelhouse Jazzband plays Early Swing, Plattenbesprechung)
When listening to these items, it is of advantage (and only fair) to judge each on its own merits and with reference to, rather than comparison with any »definitive« versions which the listener may have known and loved for decades. The effort will be worth-while ... As to the band as a whole: how stimulting it must be when heard live ... *(Storyville Reviews)*

»Freudenfest im Antiquariat« *(FAZ, 1983)*

Mit dem Altern des Rock werden die N.O.-Barden zu den Popgreisen der Nation. *(..., 24.06.81)*

Brilliant werden auch die Solos unterstrichen, kommt jeder Musiker zum Zug und stellt seine Kompetenz lautstark zur Schau. *(Mainspitze, 25.01.83)*

Innerhalb ihres Stilspektrums versucht sich die Barrelhouse Jazzband an das Stilkonzept der »Washboard-Band« zu halten, der typische Waschbrettrhythmus ist unverkennbar ...
(Mainspitze, 25.01.83)

Auf dem Mittelmeer nachts um halb Fünf: das Schiff schaukelt, der Saal tanzt, Trompeter »Morsch« Schwarz schläft. Nach drei schlaflosen Nächten wird auch der stärkste Frankfurter schwach. Doch das Nickerchen dauert nur wenige Minuten. Bis zum Sonnenaufgang spielt Schwarz mit der Barrelhouse Jazzband weiter.
(Abendpost-Nachtausgabe, 1987)

Mit einer Verbeugung vor dem Genie (hier: Duke Ellingtons) ... offenbarten sich die sieben »Barrelhouser« als Meister

DAS KLASSISCHE RÖMER.

der Jazzlebendigkeit, bestens bewandert im »Seitensprung« der Stile, Epochen und Rhythmen.
(Südwest-Presse, Tauber-Zeitung, 05.10.87)

Diesem Septett gerieten seine aktuellen Arrangements zu einem witzigen und zugleich sensiblen Dialog mit den großen Ahnen von King Oliver bis Duke Ellington.
(Gäubote, Sept. 1988)

Sicherlich hätte selbst »Duke« seine helle Freude daran gehabt, mit wieviel musikalischem Raffinement die Barrelhouse-Jazzer diese Evergreens wieder auf Hochglanz poliert haben.
(Westfalenblatt, 28.9.88)

Für »ganz gewöhnliche« Deutsche würde man die Frankfurter Gruppe ihrer Musik nach nicht halten.
(Gäubote, Sep. 1988)

Applaus auf offener Bühne gab es (fast) nach jedem Chorus – egal ob angebracht oder nicht.
(Schwäbische Post, 28.11.91)

Die Führung der Truppe hat offensichtlich Klarinettist Reimer von Essen übernommen, ohne daß ihm Frank Selten am Saxophon an Musikalität und Rhythmus nachsteht.
(Mainzer Zeitung, 1990)

»Akustik, brilliante Soli und Gags sind nur auf der Grundlage des Blues möglich«, warnte von Essen. *(Gäubote, 1988)*

... lange bearbeitete Schlagzeuger Hans-Georg Klauer mal eben die Saiten des Basses von Lindy Huppertsberg mit Holzschlegeln und bereitete Bernd Otto ein irres Banjo-Solo vor.
(Gäubote, Sep. 1988)

»Wir spielen am liebsten ohne Mikrophon«. Oft versumpft am Samstag das Pianospiel irgendwo zwischen Saxophon und Schlagzeug. Dem Baß ergeht es nicht anders. »Naturmethode«, sagt von Essen dazu. *(Der Neue Tag, Weiden, 7.3.92)*

... mit der Hand kräftig die Saiten peitschend, baut Kontrabassist Cliff Soden an einer entspannt dahintrabenden Basis.
(Die Woche, Weiden, 12.3.92)

...die Band, die mit Cliff Soden am Baß erstmals seit Jahren wieder eine Veränderung in ihrer Formation vorgenommen und mit dem jüngsten Mitglied zweifellos einen guten Griff getan hat. *(Dülmener Zeitung, Okt. 1990)*

...und relaxed, fast müde, zirpt das Banjo.
(Die Woche, Weiden, 12.3.92)

Was macht da ein armer Trompeter Frank Selten, der das Pech hat, gediegen wie Roger Whitaker auszuschauen? Als Abbitte bindet er sich eine Krawatte mit vielen roten Herzen um. *(Die Woche, Weiden, 12.3.92)*

Horst Schwarz, als Sänger sowieso der Clown der Band, bediente sich des Gummiteils eines Klostopfers, um dem einen oder anderen Song den adäquaten Sound zu verleihen.
(Maintal, 19.5.92)

In der afro- und frankophil geprägten Stadt beginnt auch die Geschichte, die Bandleader und Conférencier Reimer von Essen erzählt, nachdem die Kapelle im Lindwurm in die Halle eingezogen ist – ... *(Maintal, 19.5.92)*

»Das Klavier«, doziert Reimer von Essen fachkundig und gepflegt in seiner weißen Doktorhose, »wurde das Mittel der musikalischen Kommunikation überhaupt.«
(Maintal, 19.5.92)

Mit einigen weiteren »erdigen« Bluestiteln verabschiedete sich Reimer von Essens langjährige Begleitgruppe in die Pause.
(Main-Spitze, 25.8.81)

Die vielgespielte Jam-Nummer »I've found a new Baby« von Spencer Williams katapultierte die Zuhörer mit hoher Geschwindigkeit in die zweite Pause.
(Main-Spitze, 2.12.80)

Ein Raunen ging durch den Saal, als Langkamm »Trouble in mind« ankündigte.
...Zärtlich reichte sich manches Paar zu »Mood Indigo« die Hand, ließ bei Evergreens von Louis Armstrong, Count Basie und Duke Ellington die Sehnsucht nach der Jugendliebe zu.
(Frankfurter Rundschau, 21.1.93)

Der Aufforderung des (wirklich) letzten Titels »Get out of here and go home« folgten die meisten erst nach Schwarz' Apell an den Familiensinn der Fans. *(Gäubote, Sept. 88)*

Das Publikum «dampfte» mit. *(Tagblatt, 04.07.78)*

Power, auch ohne Strom aus der Steckdose
(»Darmstädter Echo«)

Die »Barrelhouse Jazzband« arbeitete mit einem bisher nicht gekannten »Heizkörperwirkungsgrad«...
(Rüsselsheimer Echo, 01.12.80)

von Dick Cary
1975 für die Barrelhouse
Jazzband komponiert

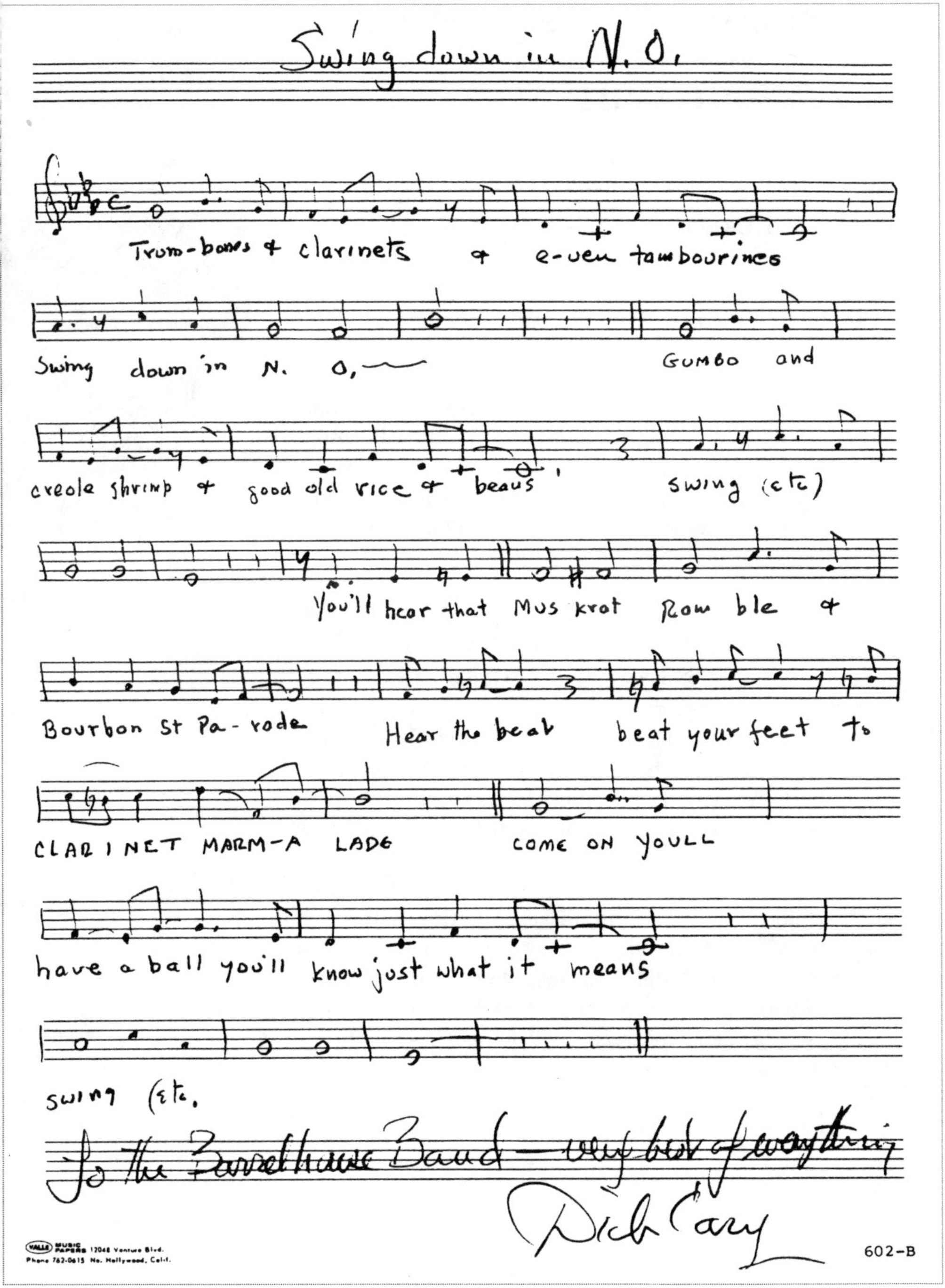
Swing down in N.O.
Trom-bones & clarinets & e-ven tambourines
Swing down in N. O.
GUMBO and
creole shrimp & good old rice & beans
swing (etc)
You'll hear that Mus krat Ram ble &
Bourbon St Pa-rade
Hear the beat beat your feet to
CLARINET MARM-A LADE
COME ON YOULL
have a ball you'll know just what it means
swing (etc.
To the Barrelhouse Band — very best of everything
Dick Cary
602-B

BARRELHOUSE JAZZBAND 1993

KURZBIOGRAPHIEN

Reimer von Essen,
geb. 31.10.1940 in Hamburg

Schulzeit in Shanghai, Plön, seit 1949 Frankfurt, Abitur 1958, dann Studium (nach verschiedenen Versuchen schließlich Englisch, Deutsch, Musik), Examen 1966 in Frankfurt/Main. 1966–91 Lehrer an einer Frankfurter Hauptschule, Komposition zweier Schulopern, seitdem beurlaubter Beamter.

Erste Jazzkontakte durch Platten von Freunden, Blockflöte, Klarinettenunterricht 1954–56 bei Prof. J. Englert, Jazztheorie bei Alfons M. Dauer.

1957 zur Beale Street Seven. 1958 Gründung der Blue Washboard Five (ein Titel auf einer Festival-LP). 1959 zur Smokehouse Jazzband, seit 1962 Leiter der Barrelhouse Jazzband. In dieser Zeit Mitarbeit bei der Ragtime Society (2 LPs), den Jazz Classics (2 LPs), 1982 Mitgründer des Art Hodes International Trio (1 LP, 2 CDs, Tapes), Mitarbeit als Solist bei Plattenproduktionen (3 LPs/CDs bei Stomp Off Records), als Leiter bei The New Orleans Four und dem Reimer von Essen Trio.

1965 Mitgründer der GFN und Mitveranstalter der Hot Jazz Festivals bis 1970. Gelegentlich Dozent fürs Goethe-Institut und die Sommer-Universität Alpbach, Autor und Mitautor von Jazzpublikationen aller Art. Seit 1990 Vorstandsmitglied der Hessischen Jazzakademie, seit 1992 Künstlerischer Leiter der Plöner Jazztage.

BARRELHOUSE JAZZBAND 1993

Horst Schwarz,
geb. 16.01.1939 in Offenbach

1946–54 Hauptschule, bis 1957 Lehre als Buchbinder, bis 1974 Technischer Angestellter, 1968–72 Technikerschule (Abendschule), Abschluß. 1963–75 Techniker/Designer. Seit 1975 Verwaltungsangestellter.

Lernte Jazz durch die AFN-Sendereihe »Strictly From Dixie« kennen. 1957–61 Trompetenunterricht und Harmonielehre am Moritz-Döbert-Konservatorium, Offenbach. 1957–58 erste musikalische Versuche, zum Schluß bei den Blue Note Jazzboys. 1959 Gründung der Smokehouse-Jazzband, daneben zweiter Kornettist bei der Barrelhouse Jazzband (bis 1960). 1959–70 Smokehouse Jazzband (bis 1961 mit Reimer von Essen). Dann wurde Horst Schwarz Leiter, Stilrichtung 1962–64 Swing, dann New Orleans Jazz. Seit 1971 Barrelhouse Jazzband, in dieser Zeit auch Mitarbeit bei der Ragtime Society (2 LPs), den Jazz Classics (2 LPs) und der Big Band Memories, 1975 Mitgründer der Blue Rhythm Four (1 LP). Seit 1987 eigene Kompositionen und Arrangements für die Barrelhouse Jazzband.

Frank Selten,
geb. 24.02.1939 in Breslau

Schulzeit in Melsungen, Abitur 1959, dann Studium (Anglistik, Romanistik, Pädagogik) in Frankfurt. Seit 1967 Leiter des Sprachenzentrums der Lufthansa. Zur Zeit auch Präsident der »International Airlines Language Conference«, einem Zusammenschluß der Sprachspezialisten von etwa 40 Fluggesellschaften.

Erste Berührung mit Jazz im Alter von 14 durch nächtliche Radiosendungen, später »Pilgerfahrten« per Anhalter nach Frankfurt zu Festivals und Konzerten. Blockflötenunterricht im Schulorchester, dann drei Jahre Akkordeon, danach Banjo in einem eigenen Trio (1. Preis bei Schülerwettbewerb in Bad Hersfeld, 1957). 1958 Sopransaxunterricht, 1959 Jazzstunden bei Reimer von Essen, 1960 als Altsaxophonist zur Blue Orleans Jazzband, 1961 Eintritt in die Barrelhouse Jazzband, kurz darauf auch in die Sidewalk Jazzband (zeitweise als Leiter, Plattenaufnahme, erster Preis als Altsaxophonist beim Düsseldorfer Amateur-Jazzfestival). Seit 1964 zunächst ausschließlich Barrelhouse Jazzband, später auch Mitarbeit bei kleinen Besetzungen, Leiter der »Dixie Syncopators«, Mitglied der »Big Band Memories« und der Frankfurter Brassbands. Seit 1967 zum Altsaxophon auch Tenorsax, später Sopransax, dann Klarinette und seit neuestem Baritonsax.

Agi Huppertsberg,
geb. 12.01.1940 in Wuppertal-Elberfeld

Volksschule und Gymnasium in Wuppertal, Abitur 1959, danach Banklehre bis 1961, Wehrdienst, Bankkaufmann 1963–76, bis 1977 Shopmanager in Düsseldorf, seit 1977 Berufsmusiker.

Begegnete dem Jazz durch die Schallplatten der älteren Brüder und daraufhin heimlich gehörte nächtliche Radiosendungen. 1952–54 Klavierunterricht, 1954 Mitgründung der Flora Street Jazzband, 1960 Two Beat Paraders, 1963–73 Blue Note Juniors (alle diese Bands in Wuppertal), daneben 1970–76 Atlanta Jazzband und 1972–76 Graf's Groovy Set (beide Düsseldorf), Solotätigkeit, kurzzeitig bei Semmel's Hot Shots und Maryland Jazzband (auch Schlagzeug). Seit 1977 bei der Barrelhouse Jazzband, in dieser Zeit auch Mitarbeit im Couple of Jazz, bei Lady Bass And The Real Gone Guys (1 LP), Jazz Classics (2 LPs), Reimer von Essen Trio und Big Band Memories. Tritt weiterhin gelegentlich als Solopianist auf.

BARRELHOUSE JAZZBAND 1993

Bernd K. Otto,
geb. 19.09.1947 in Hannover

Schulzeit in Barsinghausen und Frankfurt, Abitur 1967. 1967–74 Studium in Frankfurt (Biologie und Kunst), Examen 1971, seit 1972 Lehrer an einer Sonderschule für Lernbehinderte in Frankfurt.

1959–60 Gitarrenunterricht, 1960 regelmäßiger Besuch der Konzerte der GFN und der Barrelhouse Jazzband angeregt durch die Jazzplatten seines Bruders. 1965 Kauf eines Tenorbanjos, Jazzkurse bei Carlo Bohländer und Emil Mangelsdorff und Gründung eines Quintetts mit Alfred Harth (Aufnahme einer Single). 1974 Mitgründer der Happy Oldtime Swingers. 1975 zur Barrelhouse Jazzband, in dieser Zeit 1980 Gründung der Jazz Classics (2 LPs), 1982 Studioaufnahmem mit Stuttgarter Dixie-Besetzung, 1985 Gründung der Frankfurt Swing All Stars (3 LPs, einmal Preis der Schallplattenkritik), 1990 Gründung der European Swing All Stars. Seit 1984 Mitherausgeber des »Banjo-Podium« (Fachzeitschrift für Banjospieler), Autor von Jazzarrangements für Tenorbanjo, 1981 Entwicklung einer speziellen viersaitigen Gitarre. Ab 1989 Mitveranstalter des 3., 4. und 5. Jazzfestivals on Sea, 1991 Mitgründung der Gastspieldirektion »Jazz Connections«.

Cliff Soden,
geb. 03.05.1961 in North Shields

Schulzeit in North Shields bis 1977, Lehre als Photograph in Newcastle bis 1980, seitdem Berufsmusiker.

Lernte Jazz durch seinen Vater kennen. Gitarrenunterricht 1977. Der Bassist in der Band seines Vaters lernte ihn 1978 an, Cliff wurde sein Nachfolger. Er spielte daneben mit anderen New-Orleans-Bands der Region, z. B. Brian Carrick's Heritage

Hall Stompers, und begegnete Colin Dawson. Durch Brian Turnock wurde er zum Darmsaitenspiel bekehrt, von Annie Hawkins in den Slap-Stil eingeweiht. 1980 ging er mit Colin Dawsons Onward New Orleans Band (ab 1984 Onward Band) auf Tour durch Europa (4 LPs). 1988 löste sich die Onward Band auf und Cliff spielte mit Bob Barton und anderen Engländern in der Schweiz. 1989 zur Barrelhouse Jazzband. »Höhepunkt« seiner bisherigen Karriere war ein Jazzkonzert auf dem kleinen Matterhorn (3 883 m) bei -14 °C und eisigem Wind.

Hans-Georg Klauer,
geb. 16. 07. 1936 in Frankfurt / Main

Grundschule in Frankfurt und Hanau, Gymnasium in Frankfurt. Abitur 1957, dann Finanzanwärter, ab 1960 Finanzbeamter, zuletzt als Amtsrat in Mühlheim / Main, seit 1986 im einstweiligen Ruhestand, politisch aktiv bei den »Grünen«.

Mitte der Fünfziger Jahre wurde er von einem Freund zum Hot-Club Frankfurt mitgenommen. Lernte Schlagzeug als Autodidakt. 1956–60 und dann wieder 1961–62 Barrelhouse Jazzband, 1962–69: zunächst Smokehouse Jazzband, Offenbach, dann Bucktown Six, Wiesbaden, Benno Walldorf Bluescombo, Mitgründer der Hot Swingers, seit 1969 wieder in der Barrelhouse Jazzband. In dieser Zeit Mitgründer und Leiter der Blue Rhythm Four (1 LP), zeitweise Mitarbeit bei Ottos Dixielanders, Jazz Classics, Big Band Memories. Mitautor einer riesigen, bisher unveröffentlichten Armstrong-Diskographie.

SCHLUSSWORT

Um uns geht es in diesem Buch – deshalb möchten wir abschließend das Wort ergreifen und danken. Für uns ist es das schönste denkbare Geburtstagsgeschenk, daß es nun das Barrelhouse-Buch gibt, zu dessen Entstehen viele Menschen uneigennützig beigetragen haben. Unser großer Dank für dieses Geschenk gebührt einmal dem Herausgeber, Horst Lippmann, dann unserem Agenten, Dieter Nentwig, für seinen ideenreichen Einsatz, Günther Kieser für die grafische Arbeit und seinen guten Rat, den Autoren für ihre Beiträge und ihre Freundschaft, Herrn Dr. Kappler, dem Leiter des Societäts-Verlages, und dem Grafik-Designer Peter Lenz für ihre Kooperation und die Geschwindigkeit, mit der alle Ideen zu Papier und Druckfarbe wurden, und nicht zuletzt den Fotografen.

Die Fotos sind alle privaten Sammlungen entnommen; namentlich bekannt sind uns leider nur die unten genannten Autoren. Unser Dank geht an sie, aber auch an alle anderen, deren Namen nicht mehr herauszufinden waren.

Und ganz zum Schluß herzlichen Dank an alle, die uns als Publikum bis zu diesem Punkt getragen haben. Wir werden in den kommenden Jahrzehnten alles daransetzen, der uns entgegengebrachten Begeisterung wert zu sein.

Frankfurt, im April 1993 Barrelhouse Jazzband

Gestaltung von Vignette und Titelfoto: Günther Kieser

Fotos: Kurt Bethke, Peter Biundo, Klaus Drinkwitz, Ulrich Fabian, Günter Halm, Ute Lienemeyer, Markus Locher, Holger Lübbe, Klaus Mümpfer, Dieter Nentwig, Bernd K. Otto, Renate Otto, Dieter Quant, Diethelm Schäffner, Horst Schwarz, Gerda Schlieckmann, Carrie Smith